‖ 인문교양총서 49

순례의 인문학

산티아고 순례길, 이냐시오 순례길

●

황보영조

저자 황보영조__ 경북대학교 사학과 교수

서울대학교 서양사학과를 졸업했다. 같은 학교 대학원에서 석사학위를 받고 박사과정을 수료한 뒤, 마드리드 콤플루텐세대학교에서 역사학 박사학위를 받았다. 서양 현대사를 가르치며 에스파냐 근현대사, 특히 에스파냐 내전과 프랑코 체제 연구에 몰두하고 있다.

지은 책으로『토지와 자유: 에스파냐 아나키즘 운동의 역사』(2020),『기억의 정치와 역사』(2017),『토지, 정치, 전쟁』(2014),『세계 각국의 역사논쟁』(2014, 공저),『스페인 문화 순례』(2013, 공저),『세계화 시대의 서양현대사』(2010, 공저),『역사가들』(2010, 공저),『꿈은 소멸하지 않는다』(2007, 공저),『대중독재』(2004, 공저) 등이 있고, 옮긴 책으로『피와 불 속에서 피어난 라틴아메리카』(2020, 공역),『현대 라틴아메리카』(2014, 공역),『인류의 발자국』(2013),『아메리카노』(2012, 공역),『세계사 특강』(2010),『전쟁의 패러다임』(2008),『스페인사』(2006, 공역),『정보와 전쟁』(2005),『대중의 반역』(2005) 등이 있다.

경북대 인문교양총서 49

순례의 인문학

산티아고 순례길, 이냐시오 순례길

초판 인쇄 2021년 7월 5일
초판 발행 2021년 7월 16일

지은이 황보영조
기 획 경북대학교 인문대학
펴낸이 이대현
편 집 이태곤 권분옥 문선희 임애정 강윤경
디자인 안혜진 최선주 이경진
마케팅 박태훈 안현진

펴낸곳 도서출판 역락
주 소 서울시 서초구 동광로 46길 6-6 문창빌딩 2층
전 화 02-3409-2060(편집), 2058(마케팅)
팩 스 02-3409-2059
등 록 1999년 4월 19일 제303-2002-000014호
전자우편 youkrack@hanmail.net
역락 홈페이지 www.youkrackbooks.com

ISBN 979-11-6742-035-0 04920
      978-89-5556-896-7(세트)

* 책값은 뒤표지에 있습니다.
* 파본은 구입처에서 교환해 드립니다.

인문교양총서 **049**

순례의 인문학
산티아고 순례길, 이냐시오 순례길

황보영조 지음

역락

머리말

언제부턴가 내 삶에서 순례가 하나의 로망으로 다가오기 시작했다. 산티아고 순례가 특히 그러했다.

왜 그랬을까? 무작정 걷고 싶어서? 고즈넉한 시골 풍광이 멋있어서? 이국적인 세계가 그리워서? 고색창연한 교회와 성채가 근사해보여서? 자신을 돌아보고 싶어서? 뭔가를 정리하고 싶어서? 그 까닭은 아마도 이런 이유들 그 어디쯤엔가 있었을 것이다.

마침 그 로망을 실현할 기회가 왔다. 스페인에서 1년간 연구년의 기회를 갖게 된 것이다. 하지만 세상만사가 다 그런 것일까. 그것을 차일피일 미루다가 그만 순례하기에 좋은 계절을 놓쳐버렸다. 워낙에는 국내에서 여행 나올 지인들과 함께 순례할 계획이었다. 하지만 그들과 일정을 맞추는 것도 쉽지 않았다. 결국에는 아내와 둘이서 다녀왔다. 그게 재작년 11월의 일이다.

날이 더 추워지면 안 된다는 생각에 부랴부랴 준비를 서둘렀다. 일정을 최소한으로 잡았다. 갈리시아 지방 사리아에서 출발하여 순례길의 마지막 5개 구간을 걷는 5박 6일의 여정이었다. 갑작스럽게 결심하고 서둘러 추진한 터라 준비할 시간이 없었다. 그래도 판초우의와 장갑은 장만했다. 혹시 모를 추위와 비를 대비해서였다. 그리고 나머지는 집에 있는 것들로 대충 챙겼다.

먼저 버스를 타고 마드리드에서 레온으로 갔다. 레온은 중세 시절 레온 왕국의 수도였다. 레온에 계신 지도교수를 찾아뵙고 순례에 나설 요량에서였다. 레온에도 순례자를 위한 숙소 알베르게가 있었다. 알베르게 '성 프란체스코'에 짐을 풀고 유학시절 박사학위 논문을 지도해주신 지도교수를 만났다. 정말 오랜만의 만남이었다.

여러 해 전에 정년을 하신 지도교수께서는 고향에서 여생을 보내고 계셨다. 숙소를 미리 알려드렸더니 몸소 숙소로 찾아오셨다. 레스토랑에서 뵙겠거니 생각했는데 연락을 드리자 숙소에서 만나자고 하셨다. 나중에 알게 된 일이지만 선물 봉지를 전해주기 위해서 그리하셨다.

봉지는 제법 두툼했다. 봉지에는 세시나와 초리소가 가득 들어 있었다. 순례 도중에 먹으면 좋을 거라시면서 그것들을 꺼내서 보여주셨다. 스페인 관광 붐이 일고 있는 요즘 그것을 모르는 사람이 없을 정도로 잘 알려진 초리소는 스페인의 대표적 소시지 식품이다. 그에 반해 일종의 육포인 세시나는 잘 알려져 있지 않다. 세시나는 돼지고기로 만드는 하몬과 달리 소고기로 만든다. 무려 대여섯 가게나 들러 직접 맛을 보고 그 가운데서 제일 맛있는 것으로 고르셨단다. 그 순간 느껴진 90세 노인의 따뜻한 마음이 지금도 생생하게 다가온다. 세시나와 초리소는 순례자의 간식으로 정말 환상적이었다. 하루 순례의 여독을 풀어주는 포도주의 안주로도 제격이었다.

레온에서 순례자여권을 만들었다. 그리고 그곳에 있는 레온 대성당과 산 이시도로 바실리카를 둘러보았다. 이튿날에는 버스를 타고 갈리시아 지방의 루고로 갔다. 내친 김에 유네스코 세계유산에 등재된 고대 로마시대의 성벽도시를 둘러보기 위해서였다.

그 다음 날에는 아침 일찍 기차를 타고 이번 순례의 출발지인 사리아로 갔다. 사리아역은 생각보다 한산했다. 아침식사를 하려고 기차역 앞 카페에 들렀다. 그때 외국인 세 명이 우리 뒤를 따라 들어왔다. 인사를 하고 보니 사라고사에서 출발한 스페인 순례자들이었다. 아버지와 두 아들이었다. 주거니 받거니 그들과 이야기를 나누는 동안 어느 새 순례자가 된 기분이 들었다.

스페인 순례자들과 모종의 말을 주고받은 카페 주인이 도장을 꺼내들고 그들의 순례자여권에 꾹 눌러주었다. 우리도 그들을 따라했다. 순례자여권에 도장을 받고 그들의 뒤를 따라나섰다. 그렇게 시작한 순례가 지금도 눈에 선하다.

　그해 여름에는 방학을 맞아 스페인을 방문한 딸과 함께 보름 넘게 여행을 했다. 스페인 북서부 지방과 프랑스 남부 지방, 이탈리아 중북부 지방을 둘러보았다. 그때 일반 여행자들이 가지 않는 도시 몇 곳을 들렀다. 그 가운데 한 곳이 만레사였다. 바르셀로나에서 북서쪽으로 60킬로미터 정도 떨어진 곳에 있는 만레사는 예수회라는 가톨릭 수도회를 창설하고 가톨릭 영성수련 지침서 『영신수련』을 저술한 이냐시오 데 로욜라로 유명한 도시이다.

　만레사를 방문하던 날에 참으로 이상한 일을 겪었다. 차를 몰고 그곳으로 가는데 후드득후드득 비가 쏟아지기 시작했다. 그냥 돌아갈까 하는 생각이 들기도 했다. 하지만 『영신수련』의 일부를 집필한 곳으로 알려진 이냐시오 동굴을 코앞에 두고 발길을 돌릴 수는 없었다. 계속 차를 몰았고 마침내 만레사에 도착했다.

　오후 4시 반쯤 되었을 것이다. 관련 정보를 입수하려고 먼저 관광안내소를 찾았다. 내비게이션의 안내를 따라갔다. 그랬는데 일방통행인 도로를 그냥 한 바퀴 돌게 되었다. 그러기를 세 차례나 반복하고 나니 내비게이션을 믿지 못하겠다는 생각이 들었다. 비바람이 휘몰아치는 터라 길에는 물어볼 사람도 없었다. 하는 수 없이 적당한 곳에 차를 주차하고 우산을 받쳐 들었다. 걸어서 찾아갈 생각이었다.

하지만 얼마 가지 않아 건물의 처마 밑으로 피신하지 않을 수 없었다. 사방이 어둑어둑해지더니 우르르 쾅쾅 천둥이 울리고 번개가 번쩍거렸다. 휘몰아치는 사나운 비바람에 우산은 있으나마나였다. 두려움이 몰려드는 스산한 분위기였다. 아내와 상의한 끝에 숙소가 있는 바르셀로나로 그냥 돌아가기로 했다. 다시 주차장으로 돌아가 차문을 열 때는 폭풍우가 그야말로 절정이었다. 날려가는 몸을 간신히 지탱하고 우산을 접으려는데 접히지 않았다. 우산 안쪽의 고리를 있는 힘을 다해 잡아내리다가 그만 손가락을 다치고 말았다. 그 순간 만물이 숨죽인 듯했다. 비바람이 멎더니 어둠도 걷혔다. 순식간에 벌어진 일이었다. 이 무슨 신의 조화인가 싶었다. 손가락을 보니 피가 흘렀다.

날씨가 좋아지니 다시 마음이 바뀌었다. 걸어서 관광안내소를 찾아 나섰고 안내소에서 알려준 길을 따라 성 이냐시오 동굴로 향했다. 동굴은 그리 멀지 않은 곳에 있었다. 그런데 또다시 먹구름이 몰려오기 시작했다. 걸음을 재촉했지만 비바람을 피할 수 없었다. 동굴이 있는 성당에 도착했을 때는 모두 물에 빠진 생쥐 꼴이 되고 말았다.

그렇게 우여곡절 끝에 찾은 동굴에서 느낀 감격이란 이루 말로 다 표현할 수 없었다. 그곳에서 나눈 성 이냐시오와의 교감은 정말이지 영원히 잊지 못할 거룩한 교감이었다.

여행을 마치고 돌아와서 이냐시오 성인에 관한 자료를 뒤적이게 되었다. 그러다가 문득 이냐시오 순례길이 있다는 사실을 발견했다. 이냐시오 성인이 회심을 한 후 예루살렘 순례를 떠난 적이 있다. 이냐시오 순례길은 당시 그가 걸은 순례길 가운데 일부 구간에 해당하는 길이다. 그의 고향 로욜라에서부터 만레사에 이르는 구간이 그 길이다. 이냐시오 성인이 직접 걸은 길이다.

이 책을 구상하게 된 것은 바로 그 무렵이었다. 그에 앞서서도 산티아고 순례길을 책으로 펴내면 좋겠다는 생각을 해본 적이 있다. 막연하게 생각해온 그 구상이 이냐시오 순례길을 알게 되면서 좀 더 구체적으로 발전되었다. 두 종류의 순례길을 소개하는 것으로.

이 책은 순례와 순례길의 역사적 측면에 초점을 맞추었다. 이는 두 종류의 순례길, 곧 산티아고 순례길과 이냐시오 순례길에 한걸음 더 들어가 보려는 시도이자 그것을 좀 더 두텁게 읽어보려는 노력이다. 산티아고 순례길을 다룬 여행 문학 작품들은 시중에 이미 두세 권 나와 있고 가벼운 안내서와 수필집들은 꽤 된다. 이 책은 전자의 무거움을 살짝 덜어내고 후자의 가벼움에 좀 더 살을 붙이려는 시도에 해당한다. 이냐시오 순례길을 다룬 저작은 국내에 전무하다. 스페인에도 거의 없다. 대다수의 스페인 사람들은 그런 길이 있는지도 모른다.

이 책은 이냐시오 순례길을 소개하는 첫 시도이기도 하다.

이 책 제1부에서는 '인생은 순례'를 다루었고, 제2부와 제3부에서는 '산티아고 순례길'과 '이냐시오 순례길'을 각각 다루었다. 산티아고 순례길을 좀 더 깊이 이해하고 이냐시오 순례길에 새로운 도전을 하려는 분들에게 이 책이 아무쪼록 유용한 길잡이가 되기를 바란다.

금년 2021년은 사도 성 야고보의 성년(聖年)이다. 성년, 곧 '거룩한 해'에는 순례자들에게 사면을 베푸는 대사가 있어서 평년보다 훨씬 더 많은 순례자들이 산티아고 데 콤포스텔라를 찾는다. 하지만 금년은 사정이 다르다. 코로나19의 감염 위험으로 그런 분위기를 찾아보기 어렵게 되었다. 그래서 당국은 교황청의 승인을 받아 2022년도 성년으로 선포했다. 그러니까 2021년과 2022년 연속 2년이 성년이 된 셈이다. 이것은 사상 처음 있는, 매우 이례적인 일이다. 게다가 2022년은 이냐시오 순례 5백주년을 기념하는 해이기도 하고 이냐시오 성인의 성년이기도 하다. 그러니까 금년과 내년은 산티아고 길과 이냐시오 길을 순례하기에 더할 나위 없이 중요한 해이다.

우리가 언제 한 그루의 나무그늘에도 감사하고 목을 축일 한 모금의 물에도 고마움을 느끼겠는가. 우리가 언제 알지도 못하고 다시 만날 일도 없는 사람들과 "부에노스 디아스(좋은 아침)!", "부엔 카미노(좋은 여행이 되기를)!"란 인사말을 건네며 행복해하겠는가. 이 모든 것들이 순례길에서는 자연스럽다. 우리 일상에서는 좀처럼 접하기 어려운 일들이 순례길에서는 예삿일이 된다. 단 하루를 걷더라도 순례길을 직접 걸어보는 게 좋다. "산티아고는 길을 걷는 도중에 있다."

2021년 황보영조

목차

머리말_5

제1부 인생은 순례_15

1장 길, 순례, 순례자_17
2장 중세 유럽의 순례_33

제2부 산티아고 순례길_47

3장 산티아고 순례의 역사_49
4장 오늘날의 산티아고 순례길_89

제3부 이냐시오 순례길_133

5장 순례자, 이냐시오_135
6장 오늘날의 이냐시오 순례길_195

감사의 말_242

참고문헌_243
사진자료 출처_244

제1부 인생은 순례

"이 세상은 길이다.
고통이 없는 안식처를 위해 저 세상으로 나아가는.
(…) 우리는 태어나면서 그 길을 나서고 살면서 걸어가며
죽어서야 도착한다. 그리고 그제야 영면한다."
―호르헤 만리케(15세기 카스티야 시인)

1장 길, 순례, 순례자

길과 순례

길을 걸을 때마다 그런 생각이 든다. 이 길을 처음 걸은 사람은 누구일까? 이 길이 어쩌다가 이런 길이 되었을까? 사람들이 무슨 생각으로 이 길을 걸었을까? 도대체 길이란 무엇일까?

길은 사람이 걸어가면서 남긴 자국이자 역사의 흔적이다. 사람이 많이 살게 된 요즘에야 대규모 이동을 위해 일부러 도로를 내지만 사람이 드물던 오랜 옛날에는 시나브로 세월이 흐르면서 저절로 길이 만들어졌다. 길가에는 집과 매점이 들어서기도 하고 개천을 건너기 위한 다리가 생겨나기도 했다.

길에는 오솔길도 있고 대로도 있다. 좁은 길도 있고 넓은 길도 있으며, 굽은 길도 있고 곧은길도 있다. 흙길도 있고 돌길도 있고 아스팔트길도 있으며, 육로도 있고 바닷길도 있고

항공로도 있다. 적막한 숲길이 있는가 하면 광활한 대지를 가
로지르는 길도 있고, 망망대해를 따라난 길이 있는가 하면 복
잡한 도시의 도로도 있다. 없던 길이 생기기도 하고 있던 길
이 사라지기도 한다.

길

길에는 고즈넉한 길도 있지만 사람들로 붐비는 길도 있다.
수행원을 동반한 화려한 왕의 행렬이 오가기도 하고 행색이
말이 아닌 거지들이 오가기도 한다. 전쟁터로 가는 기사들이
말을 타고 달리기도 하고 통치자의 뜻을 전하는 사신들이 발
걸음을 재촉하기도 한다. 수도원을 방문하는 수도사들도, 궁
정을 찾아가는 음유시인들도, 성지를 찾아 떠나는 순례자들도

한 걸음 두 걸음 부지런히 길을 걸어간다.

　길을 따라 걷는 순례는 오늘날만의 현상도 아니고 기독교만의 일도 아니다. 공간적으로도 그렇고 시간적으로도 그렇고 순례는 인류의 역사만큼이나 보편적이고 오래됐다. 연약한 존재인 인간은 초자연적인 존재가 신통력을 드러낸 곳이라면 그곳이 어디든 그곳에 관심을 보여 왔다. 토템의 상을 세우고 그곳을 신성시했으며 그곳까지 순례했다.

　인간은 오래전부터 사당이나 신전을 필요로 했다. 고대 그리스인들은 아테네에서 수 킬로미터 떨어진 엘레우시스나 델포이에 신전을 만들고 신탁을 듣기 위해 왕래했다. 이베리아반도에 있었던 헤라클레스의 길은 적어도 기원전 6세기로 거슬러 올라간다. 많은 사람들이 스페인 레반테 지방의 그리스 식민 도시들과 안달루시아 서부의 타르테소스 문명 지역을 잇는 교역로를 따라 순례했다. 안달루시아의 땅 끝 지브롤터에 있는 헤라클레스의 기둥과 카디스에 있는 헤라클레스의 성지를 방문하기 위해서였다. 그들은 영웅의 무덤을 참배하고 헌물을 바치며 치유를 기원했다.

　기독교인들은 매우 일찍부터 복음서에 언급된 곳들을 참배하기 시작했다. 예수가 태어난 베들레헴은 물론이고 그가 부모와 함께 살았던 나사렛과 평온한 게네사렛(갈릴리) 호숫가, 예수가 사마리아 여인과 대화를 나눈 야곱의 우물, 예수가 말씀을 가르친 가버나움 회당, 예수가 영광스러운 모습으로 변모한 변화산, 무엇보다도 예수의 흔적이 제일 많이 남아있는 예루살렘이 언제부턴가 참배지로 떠올랐다.

초창기 기독교 순례에 새로운 활기를 불어넣은 인물은 아마도 로마제국의 콘스탄티누스 대제일 것이다. 313년에 밀라노 칙령으로 기독교를 공인한 그가 4세기에 베들레헴의 예수 탄생 기념 성당과 예루살렘의 성묘(거룩한 무덤) 성당을 건축하면서 순례자가 부쩍 늘었다.

이처럼 기독교 세계에서는 이른바 메시아, 곧 구세주가 활동한 곳들이 일차적으로 중요한 순례 장소였다. 이밖에 초창기 순교자들의 무덤이 있는 곳들도 곧 참배의 대상이 되었다. 이를테면 예수의 수석 제자이자 초대 로마주교인 성 베드로의 무덤이 발견된 로마에 참배자들의 발길이 이어지기 시작했다. 그 무덤 위에 바실리카를 건축했고 그곳을 사람들이 순례하기 시작했다. 4세기와 5세기에 시작된 성인 숭배와 성물 숭배는 기독교인들의 순례를 활성화하는 데 활기를 불어넣었다.

이슬람과 힌두교와 불교 같은 종교들도 성지를 중시하기는 마찬가지였다. 그 신도들도 초자연적인 힘이나 신성이 발현된 곳을 몸소 찾아가서 지성을 바쳤다. 그런 행위들이 대규모 순례로 이어졌다.

이슬람 세계에서는 메카가 대표적인 성지이다. 무슬림들은 특별한 일이 없는 한 일생에 한 번 메카를 순례해야 한다. 이를 핫즈라고 하는데 이 핫즈는 신앙고백, 기도, 자선, 단식으로 이루어지는 이슬람의 다섯 기둥, 곧 5대 의무 가운데 하나일 정도로 매우 중요하다. 그밖에 예언자 무함마드의 무덤을 비롯하여 성자나 시아파 이맘의 묘지를 참배하는 지야라도 있다.

메카 순례

힌두교 세계의 주요 성지는 갠지스와 야무나 강을 따라 나 있다. 특히 두 강의 발원지에 해당하는 북부 히말라야 지역의 아마르나트, 바드리나트, 케다르나트, 하리드와르, 강고트리, 야무노트리가 유명하다. 성스러운 기일에 강물에 몸을 담그면 죄를 씻을 수 있다고 하는 힌두교 경전의 내용에 따라 많은 사람들이 자신들의 죄를 정화하려고 강에서 목욕을 한다. 이 것이 바로 힌두교 최대의 순례 축제인 쿰브멜라이다.

아마르나트 순례

알라하바드의 쿰브멜라

불교 세계에서는 붓다(석가모니)의 생애와 관련이 있는 곳을 성지로 여긴다. 그가 태어난 룸비니, 그가 깨달음을 얻은 부다가야, 그가 처음으로 설법을 한 사르나트, 그가 입멸한 쿠시나가르가 4대 성지에 해당한다. 이러한 성지들을 순례하게 되면 고뇌와 번뇌로부터 해방되는 해탈에 이를 수 있다.

입멸한 붓다, 쿠시나가르

순례자의 원형

순례자는 집을 떠나 다른 목적지를 향해 길을 나선 사람을 일컫는다. 순례자는 정처 없이 떠돌아다니는 여행자가 아니라 목적지를 찾아가는 여행자이다. 사실 순례자와 여행자를 구분하기가 쉽지 않다. 순례자와 여행자 모두 지리적으로 그 길을 정확하게 알지는 못하더라도 자신이 가야 할 목적지를 알고 떠난다. 차이가 있다면 그것은 아마도 순례자가 단순 여행자보다 여행의 목적과 의미를 더욱 중시한다는 데 있을 것이다. 순례자는 특히 자신이 가고자 하는 목적지에 종교적 의미를 부여한다. 순례의 목적지가 대개 성지인 이유가 여기에 있다.

기독교인들은 구약성경에 등장하는 아브라함과 이스라엘

백성들에게서 뿐만 아니라 신약성경에 나오는 그리스도와 사도들에게서도 순례자의 원형을 찾는다. 잘 알려진 인류 최초의 순례자는 아마도 하나님의 부르심을 받고 약속의 땅을 찾아 나선 아브라함일 것이다. 아브라함은 "너는 너의 고향과 친척과 아버지의 집을 떠나 내가 네게 보여 줄 땅으로 가라"는 하나님의 말씀을 따라서 자신의 고향과 친척과 아버지의 집을 떠났다. 자신이 가지고 있는 모든 것을 버려두고 고향을 떠난다는 것은 정말 어려운 일이다. 그것이 비록 일시적으로 떠나는 것이라 할지라도 그렇다. 고향과 친척과 집을 떠나는 데는 강력한 동기가 필요하다. 무엇보다도 하나님을 사랑하고 하나님께 가까이 나아가기를 간절히 바라야 한다. 그뿐만이 아니다. 떠나기로 선택한 길이 하나님께 가까이 나아가는 길이라는 확신을 가져야 한다. 길을 떠나는 데 장애가 되는 온갖 어려움들을 물리치고도 남을 정도의 간절한 바람과 분명한 확신이 있어야 한다. 모세의 지도를 따라서 출애굽을 한 이스라엘 백성들은 하나님께서 그들에게 주시기로 약속한 땅에 도착할 때까지 40년 동안 긴 순례를 했다. 그들은 도중에 수많은 역경과 전쟁과 사건들을 겪었다.

한편 십자가에서 죽고 무덤에 묻힌 예수 그리스도는 부활한 후에 예루살렘으로 갔고 순례자가 되었다. 그는 예루살렘 인근 마을 엠마오로 가는 길에서 두 제자를 만나 대화를 나누었다. 예수는 또한 복음 전도를 위해 사도들을 따로 불러 세우고 그들을 파송했다. 전대와 배낭과 신발도 없이 떠난 예수의 제자들도 예수의 분부를 받든 순례자들이었다. 그들은 전대도 매지 않고 무일푼으로 돌아다녔다.

순례의 동기

그렇다면 사람들이 왜 고생길이 훤한 순례의 길을 떠날까? 순례의 동기는 사실 순례자들의 수만큼이나 다양할 것이다. 지혜의 왕으로 일컬어지는 카스티야 국왕 알폰소 10세가 1265년에 반포한 법전에서는 순례의 동기를 세 가지로 다루고 있다. 그것들은 개인적인 바람이나 뜻, 신에게 맹세한 약속, 참회였다.

우선 개인적인 바람이나 뜻도 다양하다. 앞서 얘기한 성인 숭배나 성물 숭배도 이 범주에 포함된다. 하지만 이렇듯 고상한 이유로 순례를 떠나는 경우는 사실 흔하지 않았다. 대개는 자신이나 가족이 안고 있는 문제를 해결하거나 질병을 치료하려고 순례를 떠났다. 길을 걸으면서 마비된 몸이 회복되고 시각장애인들이 눈을 뜨게 된 기적적인 치유 이야기들이 성인열전에 가득하다. 이런 치유 이야기에 매료된 중세 유럽인들은 그런 이유로 순례를 떠났다. 이런 이유로 순례를 떠나는 사람들은 오늘날에도 적지 않다. 오늘날에는 육체의 질병을 치료하려는 사람들보다 복잡한 마음을 달래거나 정신적 스트레스를 해소하려는 사람들이 더 많아 보인다. 호기심이나 자아성취, 진로 모색을 위해 순례를 떠나는 이들도 늘어나고 있다.

그런가 하면 예수회를 창립한 성인 이냐시오와 그의 동지들은 성지 예루살렘을 순례하기로 서원했고 그 서원을 지키기 위해 길을 떠났다. 그러나 예나 지금이나 신에게 맹세한 약속을 실천하려고 순례를 떠나는 사람들의 수는 사실 얼마 되지 않는다.

마지막으로 참회나 속죄를 하려고 순례를 떠나는 경우도 그렇게 흔하지 않았다. 그나마 그런 경우마저 대다수는 강제로 그렇게 했다. 중죄에 대한 종교적 처벌이나 사법적 처벌로 어쩔 수 없이 순례에 나선 이들이 있었다. 중세 유럽에는 또한 참회라는 관념이 있었다. 어떤 신도가 사제에게 죄를 고백하면 그 내용을 들은 사제가 면죄를 위해 죄에 걸맞은 형벌을 그에게 부과했다. 죄가 무거우면 무거울수록 그 형벌은 더욱 가혹했다. 금식이나 신체적 처벌과 더불어 순례가 참회의 수단으로 부각되었다. 남색이나 근친상간을 범한 성직자들은 말할 것도 없고 중죄를 범한 죄인들은 로마를 다녀와야 했다. 과장된 것이기는 하겠지만 당시 유럽의 길이 속죄를 위해 로마를 찾는 참회의 순례자들로 넘쳐났다는 이야기가 있다. 유죄를 선고받은 죄수들 가운데 일부는 쇠고랑을 차고 감시를 받으며 순례를 해야 했다.

이러한 순례의 동기들은 세기를 거듭하면서 더욱 세속화되었고 순례의 대열에 참여한 순례자들도 더욱 다양해졌다. 그러다 보니 자발적 순례자와 강제적 순례자, 진지한 순례자와 그렇지 않은 순례자가 같은 순례의 길을 걸을 때도 있었다.

순례의 과정

순례는 시점에 따라서 길을 나서기 전과 순례 도중과 순례를 마치고 귀향할 때의 세 과정으로 나뉜다.

우선 순례를 출발하기 전에 준비를 잘 해야 한다. 순례를 준비한다고 하면 대개 비행기 표 구입이나 필요한 장비와 물품 챙기기 등 가시적이고 구체적인 준비 작업을 떠올리게 된다. 이는 매우 중요하고 필수적인 준비 작업이다. 시중 서점과 온라인에 이를 잘 소개하고 있는 안내서들과 영상자료들이 나와 있다. 그것들을 참고하여 준비하면 될 것이다.

여기서는 역사속의 순례자들이 비중을 두고 준비했던 내용을 소개한다. 그것을 한마디로 말하면 정화 작업이라고 할 수 있겠다. 정화 작업에는 내적인 정화 작업과 외적인 정화 작업이 있었다. 먼저 내적으로는 마음속에 생기는 불안과 걱정을 진정하고 순례의 의미와 목적을 명확히 했다. 그리고 외적으로는 가족이나 친구, 이웃 사이에 있었던 말다툼과 갈등을 풀고 친지와 친구들이 참석한 가운데 교회에서 환송 축복을 받았다. 집안을 잘 정리하고 불의하게 취득한 것을 돌려주는 것도 매우 중요했다. 한걸음 더 나아가 출발하기 전부터 자선을 베풀려고 노력했다. 이 모든 준비 작업의 주안점은 혹시나 순례 도중에 일어날지 모를 사고에 대비하고 하늘의 축복을 받으며 순례하려는 데 있었다.

순례는 아버지의 집으로 돌아가는 탕자의 심경과 같은 기대를 갖고 시작해야 한다. 숫자의 세계와 경쟁의 세계, 과학의 세계, 이성의 세계, 기술의 세계, 소비의 세계를 과감히 떨쳐 버리고, 여명과 기도와 침묵을 즐기며, 사소한 것들에도 의미를 부여하는 소박한 마음으로 조그만 나무 그늘의 휴식과 한 잔의 포도주를 감사하고, 함께 길을 걷는 동료들과 격의 없이 나누는 대화의 세계로 들어가야 한다.

다음으로 순례 도중에는 영혼과 육체의 행복을 위해 필요한 모든 것을 가난한 자들과 나누고, 쓸데없는 말과 사소한 수다를 삼가며, 예수와 성인들의 생애를 깊이 묵상해야 한다. 선배 순례자들은 이를 위해서 순례길 근처에 있는 성소들을 방문하고 경건 활동에 참여하며 자선을 베풀고자 했다. 그리스도 안에서 모든 사람이 형제라는 생각으로 모든 사람에게 자선을 베풀기를 권유받았다. 특히 술 취함과 말다툼과 외설적인 것들을 삼가야 했다.

순례 도중에는 자연스레 만남이 일어난다. 어린이와 어른, 사제, 외국인, 그 누구를 만나더라도 미소를 지으며 반가운 인사를 건네야 한다. 순례 도중에 잊을 수 없는 만남이 생기기도 한다.

순례길은 또한 고독과 성찰의 길이다. 그 옛날 수행을 하던 수도사들은 걱정과 불안을 내려놓고 고독을 추구했다. 고독할 때 내면의 눈이 열리고 자연의 소리가 들리며 모든 것들이 더 큰 의미로 다가온다. 아름다운 들판의 소리와 물과 새들의 소리, 멀리서 들려오는 농사짓는 농부와 양과 목동들의 소리가 전혀 새롭게 다가온다. 순례길이 주는 메시지를 듣지 못하게 하는 것들을 과감하게 떨쳐버려야 한다. 이따금씩 다정한 인사와 미소를 건네더라도 금세 다시 고독 속으로 들어가야 한다.

순례는 내면의 길을 걷는 것이기도 하다. 내면을 성찰할 때 우리 자신에게 있는 걱정과 불안을 발견하고 부족한 것들을 깨닫게 된다. 그러다 보면 우리 내면의 깊은 곳에 다다르게 되고 우리를 둘러싸고 있는 것들의 진정한 모습을 발견하게 된다.

마지막으로 순례를 마치고 고향으로 돌아올 때도 불법적인 것들을 삼가고 선행에 몰두한다. 일차적으로는 동행자들에게 모범과 물질과 자선을 베풀고, 고향으로 돌아와서는 이웃들이 그의 삶을 보고 하나님의 사랑으로 나아가도록 모범적인 삶을 살아야 한다. 순례가 단순한 향수에 머물러서도 아니 되고 하나의 업적이 되어서도 아니 된다. 순례자의 정신을 유지하며 날마다 순례길을 걸어가는 순례자가 되어야 한다.

인생은 순례

15세기 카스티야 시인 호르헤 만리케는 우리 인생을 길에 비유했다. 인생을 산다는 것은 길을 걷는 것이다. 태어나면서 출발하고 살면서 걸어가며 죽어서야 도착한다. 인간을 '여행 하는 인간'(호모 비아토르)으로 규정한 프랑스 철학자 가브리엘 마르셀의 정의나 인간은 본질적으로 '길을 가는 사람'이라고 말한 시인 류시화의 언급도 이런 맥락에서 이해해볼 수 있다.

인생은 여행이고 순례는 인생이다. 순례길은 우리 인생을 짧고 굵게 체험할 압축판 인생길이다. 우리는 부족한 것이 채 워지기를 바란다. 우리가 한 자리에서 행복에 겨운 삶을 살고 있다면 왜 다른 곳을 방문하려들겠는가? 우리가 모든 것을 가 지고 있다면 왜 다른 무엇을 찾아 나서겠는가? 우리는 뭔가를 결여하고 있다. 그래서 그것을 찾아 나선다. 정신적으로 고통 스러운 사람은 평화를 갈구하고, 인간관계에 문제가 있는 사 람은 깨진 관계를 회복하기 바라며, 병자는 치료를 원한다. 궁 지에 빠진 사람은 출구를 모색하고, 영혼이 지친 사람은 휴식 과 영적 깨달음을 바란다. 이것들 가운데 어느 하나라도 채워 지기를 바라며 순례를 떠난다.

우리는 또한 보다 나은 삶을 희망한다. 우리는 목적지에 도 달하기를 바라고 건강하고 안전하게 집으로 돌아가기를 바란 다. 우리는 우리의 삶을 보다 풍성하게 가꿔나가기를 바란다.

평화와 화해, 용서, 치유, 깨달음 등을 바란다. 좋은 직장을 바라고 이상형의 남자(혹은 여자)를 바란다. 좌절을 딛고 새롭게 일어나기를 바란다. 이러한 희망들을 안고 순례를 떠난다.

순례길은 한걸음 더 나아가 신이 함께하는 초자연적 메시지가 가득한 길이다. 순례길에서 만나는 다양한 풍광의 자연과 상징들에서 신의 음성을 들을 수 있다. 오늘날 현대인들은 사실 초자연적인 것의 의미를 잘 모른다. 또 다른 차원의 삶, 곧 깊이 있는 삶에 관심을 두지 않는다. 우리 인생이 어디서 오고 어디로 가는지를 생각해보지 않는다. 종교적이라는 것은 인생의 의미를 성찰한다는 것에 다름 아니다. 인생을 돌아보고 초자연적 메시지를 들으러 순례를 떠난다. 오늘날 대륙과 문화와 종교를 초월하여 순례의 물결이 확산되고 있는 이유가 여기에 있다. 세계관광기구가 2012년에 종교적 목적으로 여행한 자들의 수가 3억 명 이상에 달한다고 추산했을 정도이다. 프랑스의 루르드와 포르투갈의 파티마를 방문하는 기독교인들이 매년 1,300만 명에 달한다. 메카를 방문하는 무슬림들은 매년 수백만 명에 이르고, 신성한 갠지스 강에 몸을 담그러 베나레스로 가는 힌두교도들도 매년 그 정도에 달한다.

사람은 누구나 길에서 뭔가를 배운다. 이는 명상을 할 때 외우는 주문, 곧 만트라의 한 구절이다. 순례의 발걸음을 옮길 때마다 뭔가 놀라운 것을 깨닫게 될 것이다. 순례길에서 뭔가를 배우게 될 것이다. 순례의 가치는 백문이 불여일견이다. 체

험을 해야 그 가치를 알 수 있다. 순례를 해보지 않은 사람은
순례의 의미를 깨닫기가 정말 어렵다.

2장 중세 유럽의 순례

성물 숭배와 성지 순례

중세 유럽 문화의 본질은 성지를 찾아 거룩한 유물을 숭배하고 성인들의 보호를 믿으며 기이한 일과 더불어 사는 데 있었다. 이때는 일상 속에서 기이한 일들이 벌어지던 시대였고 모든 것을 종교의 코드로 해석하던 시대였다.

성물 숭배는 이런 시대를 살아간 중세 대중의 종교적 특성을 잘 드러내주는 표지이다. 성물 숭배를 위해 주요 도시들은 예외 없이 주민들의 수호성인이 되는 순교자나 성모의 시신을 보존해야 했다. 수도원과 성당은 성물을 찾고 그것을 구입하거나 심지어는 훔치기도 했다. 심지어 아무런 양심의 가책도 없이 그것을 위조하기도 했다. 그러다 보니 한 성인의 유물이 믿기지 않을 정도로 늘어나기도 했고, 그 결과 여기저기서 그를 참배하는 해프닝이 벌어지기도 했다.

중세 대중은 지역 성인의 유물에 만족하지 않았다. 그 명성이 지역의 경계를 넘지 못했기 때문이다. 세례 요한, 나사로, 마르다, 막달라 마리아, 세리 삭개오 등의 시신들이 프랑스에서 발견되었다고 한 이유를 이런 점에서 찾아볼 수 있다. 그들은 성경에 등장하는 인물들의 시신이나 유물을 참배하고자 했다. 사도들의 시신들이 안치되었다고 하는 툴루즈 대성당은 그 시신들을 참배하려고 몰려든 사람들로 장사진을 이루었다.

성물을 찾으려는 열정은 중세 말기에도 여전했다. 그 결과 도처에서 '기이한 것들'이 등장했다. 대천사 성 가브리엘의 깃털과 같은 터무니없는 것들을 수용하고 그것들을 참배하게 만들 정도로 무지와 맹신이 맹위를 떨쳤다. 이른바 대천사 성 가브리엘의 깃털은 스페인 레반테 지방의 한 성당에 아직도 보존되어 있다. 스페인 북부 나바라 지방의 상구에사에 있는 산타 마리아 라 레알 교회의 13세기 성물 목록에는 '성 바르톨로메의 피부'가 들어 있다. 팜플로나의 한 수도원에서는 수녀들이 예수의 성기 포피를 절제한 할례일을 찬미하면서 어린 예수의 성기 포피를 숭배해왔다는 이야기도 전해진다.

이런 분위기 속에서 중세 유럽인들 대다수는 교회나 대성당을 찾아 성인의 유해나 성물 앞에 경건하게 무릎을 꿇고 자신들의 소원을 빌었다. 가까운 성지나 멀리 떨어진 성지로 순례를 떠나는 사람들도 있었는데 그 수는 그렇게 많지 않았다. 대다수의 사람들은 사실 자신들이 태어난 고장을 벗어나본 적이 없었다.

중세 유럽인들에게 멀리 떨어진 곳으로 여행을 떠나는 일은 그야말로 모험이었다. 여행을 떠난 사람들의 상당수가 집으로 돌아가지 못했다. 그럴 정도로 장거리 여행은 위험한 여행이었다. 낯선 지역과 낯선 언어, 낯선 풍습과 맞닥뜨려야 했고, 더위와 추위, 맹수와 산적, 불친절한 숙박업소 주인을 만나기도 했다. 식수와 먹을거리를 위해 생면부지의 낯선 사람들에게 손을 벌려야 했고, 질병에 걸리거나 사고를 당하기도 했다. 이 모든 위험들을 극복하고 여행을 마치고 집으로 돌아올 수 있게 되리라는 희망이 별로 보이지 않던 시절이었다. 그러니 먼 거리 순례를 한다는 것은 보통일이 아니었다.

하지만 중세 시대라고 해서 여행자들이 아예 없었던 것은 아니다. 직업상의 이유나 이러저러한 필요를 따라 여행을 떠난 사람들이 그래도 상당수 있었다. 당시는 군주가 거주하는 궁정도 이곳저곳으로 옮겨 다니던 시절이었다. 병사들도 옮겨 다니고, 외교사절이나 교회 대표단도 옮겨 다니고, 마부들과 상인들, 목축업자나 수도자들, 예술가와 수공업자들도 이곳저곳을 옮겨 다녔다. 이들은 직업이나 업무를 위해 돌아다녔다. 빈자와 부랑자들도 돌아다녔다. 전시나 기근 중에는 그들의 수도 무시하지 못할 정도였다.

성지나 종교 중심지로 여행을 떠나는 순례자들은 얼마 되지 않았다. 앞서 얘기한 것처럼 먼 거리 순례는 목숨의 위험이 뒤따르는 커다란 모험이었기 때문이다. 예루살렘이나 로마, 산티아고 데 콤포스텔라로 순례를 떠나는 일은 특히 그러했다. 그런데도 과감하게 순례의 길을 떠난 자들이 있었다.

이들이 순례를 떠난 데는 세속적 동기도 있었지만 종교적 동기도 있었다. 무엇보다도 순교자 참배가 주된 동기였다. 그들은 베드로와 바울을 참배하기 위해 로마를 방문했고, 야고보를 참배하기 위해 산티아고 데 콤포스텔라를 찾았다.

순례자들에게는 또한 나그네의 전형으로 여겨진 예수가 큰 힘이 되었다. 예수의 삶은 나그네의 삶이었다. 예수는 태어나자마자 유대 왕이 태어났다는 동방 박사들의 이야기를 듣고 예수를 죽이려고 한 유대 왕 헤롯의 진노를 피해 부모와 함께 이집트로 피신했고, 때가 되어서는 팔레스타인 전역을 돌아다니며 설교했으며, 부활한 후에는 엠마오로 갔다. 이와 더불어 영혼의 구원을 찾아 나선 순례자들에게는 "나는 길이요"라는 예수의 말씀도 큰 등불이 되었다.

따라서 중세 기독교인들에게 제일 중요한 성지는 뭐니 뭐니 해도 예루살렘이었다. 탄생과 고난, 죽음과 부활 같은 예수의 생애에 관한 흔적이 남아 있는 베들레헴이나 나사렛 같은 팔레스타인의 여러 지역들도 예루살렘 못지않게 중요했다.

하지만 아랍인들이 예루살렘을 정복한 7세기 이후에는 로마가 기독교 순례자들의 최대 순례지로 부상했다. 예루살렘 순례의 길이 막힌 데다 그곳이 교황청의 본거지이자 기독교의 수도로 떠올랐기 때문이다. 순례자를 뜻하는 '로메로'는 다름 아니라 로마로 순례를 떠난다는 데서 나온 말이다.

그러나 11세기 이후에는 사정이 달라진다. 1054년에 로마 가톨릭과 그리스 정교로 나뉘는 기독교의 대분열이 일어난 뒤에 비잔티움 제국이 로마 교황청의 권위를 인정하지 않게 되었다. 그뿐만이 아니었다. 여러 황제 및 군주들과 대립을 벌이는 가운데 교황의 권위가 더욱 약화되었다. 산티아고 순례가 급속도로 발전하고 십자군이 예루살렘을 정복하게 된 것도 이 무렵이었다. 그러면서 로마가 순례자들의 제1성지 자리에서 밀려나게 되고 예루살렘이 다시 예전의 지위를 회복했다.

하지만 이것도 그렇게 오래가지 않았다. 일부 교황들이 순례자들을 끌어들이는 사업을 벌이기 시작하면서 14세기 이후에는 로마가 다시 과거의 영예를 회복하게 된다. 로마가 제1순례지가 되었다.

개인들의 순례

13세기 전후 무렵에는 개인들의 순례 이야기가 제법 나온다. 이를테면 요나라는 덴마크인의 순례 이야기가 13세기 내지는 14세기쯤에 건립된 것으로 보이는 한 묘비에 등장한다. 그는 평생에 예루살렘을 두 차례 방문했고, 로마와 산티아고 데 콤포스텔라를 각각 세 차례와 한 차례 방문했다. 이들 세 지역은 중세 유럽인들 상당수가 평생에 한 번은 꼭 방문하고 싶어 하던 성지였다. 예루살렘은 구세주가 활동하던 곳이었고, 로마와 산티아고 데 콤포스텔라는 이른바 사도들의 무덤이 있는 것으로 알려진 곳이었다. 전승에 따르면 성 베드로와 성 바울이 로마에 묻혀 있었고, 성 야고보가 산티아고 데 콤포스텔라에 묻혀 있었다. 예루살렘과 로마, 산티아고 데 콤포스텔라, 이들 세 지역을 도는 순례는 대순례로 알려졌고, 다른 지역을 도는 순례는 소순례로 알려졌다.

15세기에 이들 세 지역으로 순례를 떠난 독일인 아르놀드 폰 하르프는 1496년 11월 7일에 쾰른을 출발하여 1498년 11월 9일이나 10일에 그곳으로 돌아갔다. 무려 2년에 걸친 대순례를 한 것이다. 그는 로마와 카이로를 방문했고 시나이 반도를 거쳐 예루살렘에 들렀다. 그곳에서 터키로 갔다가 다시 예루살렘으로 돌아갔고, 1498년에는 베네치아에서 출발하여 산티아고 데 콤포스텔라까지 순례했다. 파도바와 베로나, 밀라노, 토리노, 툴루즈, 론세스바예스를 거쳐 피레네 산맥을 넘어 그곳으로 갔다. 그는 수행원들을 거느리고 부르고스까지는 말을 타고 갔고 부르고스에서 종착지까지는 노새를 타고 갔다. 노새 한 마리에는 음식 준비를 위한 주방용품을 싣고 다녔다. 산티아고 순례를 마친 그는 루뱅과 마아스트리트, 아헨을 둘러보고 1498년의 성 마르티누스 축일에야 쾰른에 도착했다. 그가 이렇듯 장기간의 대순례를 감행한 것은 그것이 귀족들의 전통이었기 때문이기도 했겠지만 문화적 관심과 먼 곳에 대한 향수나 호기심이 있었기 때문이기도 했다. 순례를 다녀온 그는 궁정에서 일하면서 결혼까지 했는데 안타깝게도 34세의 나이에 갑자기 사망했다.

여성순례자(다비트 테니르스, 17세기)

중세 유럽의 순례자들은 대개 몸을 보호하기 위하여 지팡이를 들고 다녔고 모자를 쓰고 가죽부대를 어깨에 둘러멨다. 모자와 가죽부대, 지팡이는 순례자임을 한 눈에 알아볼 수 있게 하는 순례자의 외적 표지에 해당했다. 그들은 길을 나서기 전에 교회의 축복을 받고 떠났다. 특정한 의식을 거행하고 기도를 받았다. 악천후와 각종 위험을 잘 넘기고 숙박업소를 잘 찾을 수 있기를 바랐다. 순례자가 집을 비운 사이에 그의 재산을 보호해줄 특정한 법률 규정도 있었다.

순례와 사면

중세 유럽의 순례에 나타나는 주요 특징 가운데 하나는 그것이 참회나 사면의 수단이 되었다는 점이다. 죄를 고백한 신자에게 사제는 그가 범한 죄의 경중에 따라 금식이나 신체적 처벌 같은 여러 가지 형벌을 부과했다. 그러던 중 언제부턴가 순례도 하나의 처벌 방식으로 부각되었다. 중죄를 범한 죄인들은 로마로 장거리 순례를 다녀와야 했다. 근친상간, 살인, 신성모독, 미성년자 성추행, 부모 살해, 남색, 성직매매 같은 것들이 중죄에 해당했다.

특히 플랑드르 지방의 법원들은 죄를 처벌하는 수단으로 산티아고 순례를 다녀오게 했다. 이 조치를 벤치마킹한 오늘날의 벨기에 당국은 1980년대에 오이코텐 프로젝트를 추진했다. 다른 처벌로 별다른 효과를 보지 못하고 교정이 어렵다고 판단된 17세와 18세의 청소년 범죄자들을 프로젝트의 대상으로 삼았다. 그들이 순례 여행을 잘 마치고 돌아오면 형사책임을 면제해준다는 내용이었다. 마약 중독자들이나 심각한 정신 질환을 앓는 자들은 대상에서 제외했다. 순례는 6명이 한 조를 이루어 진행되었고 한두 명의 협력자들이 그들과 동행했다. 매일 평균 25킬로미터를 걷고 10일에 하루 꼴로 휴식을 취했다. 벨기에에서 산티아고 데 콤포스텔라까지 2,500~3,000킬로미터를 걷는 데는 대략 4개월 정도 걸렸다. 이 프로젝트의 혜택을 본 자들, 곧 순례를 잘 마치고 돌아온 자들의 사회 적응 비율이 꽤 높은 것으로 나타났다. 그 비율이 무려 40퍼센트에 이르렀다.

한편 오랫동안 내려오던 교회의 참회 관행을 따라서 프랑스와 스페인에서는 11세기 이후에 사면 제도가 도입되었다. 교회의 선행(공덕) 교리를 통해 대사의 길이 열리게 된 것이다. 대사는 사람이 죄를 지었다가 회개하고 고백하여 그 죄를 용서받은 다음에 그 죄에 대한 잠벌(이 세상이나 연옥에서 잠시 받는 벌)의 전부나 일부를 그리스도의 공로를 근거로 면제하여 주는 사면이다. 잠벌의 전부를 면제하여 주는 대사를 전대사, 그것의 일부를 경감해 주는 대사를 한대사라고 한다.

대사의 부여는 순례의 풍속을 바꾸어 놓았다. 이제 성인의 시신 참배보다 대사를 더 중요시하기 시작했다. 11세기 말 이후에는 완전한 사면, 곧 전대사를 받을 기회가 하나 더 있었다. 1096년에 시작된 십자군 원정에 참여하면 전대사를 받을 수 있었다. 구원에 대한 기대나 아니면 연옥 체류 기간을 줄이려는 바람이, 긴 여행의 피로와 위험을 감수하고, 심지어는 죽음까지도 감수하려는 욕망으로 이어졌다. 여행 끝에는 십자가와 같은 성물, 거룩한 계단, 베드로 사도를 비롯한 여러 순교자들의 무덤들이 그들을 기다리고 있었다. 순례의 끝에는 로마가 있었고 구원과 사면이 있었다. 로마 순례의 이념은 그렇게 완성되었다.

순례와 성년

대사는 거룩한 해라는 뜻의 '성년' 개최로 진정한 의미를 갖게 되었다. 로마 가톨릭 최초의 성년은 서기 1300년이었다. 교황 보니파키우스 8세가 이 해를 성년으로 선포하고 성 베드로와 성 바울의 성소들을 찾아 로마를 방문한 순례자들에게 전대사를 베풀었다.

그런데 보니파키우스 8세가 왜 갑자기 서기 1300년을 성년으로 선포했을까? 최초의 성년 연대기 작가인 야코보 스테파네스키 추기경이 그 배경에 대해 흥미로운 이야기를 전해준다.

당시 기독교 신자들은 사면을 바라고 있었다. 성 베드로 대성당을 방문하면 사면을 받을 수 있다는 이야기가 돌았다. 그런 기대와 소문이 확산되자 교황은 교황청 문서보관소에 그런 전승을 확인해줄 자료가 있는지 찾아보라고 지시했다. 하지만 아무 자료도 찾지 못했다. 그런 가운데 죄의 사면은 새해 첫날에만 이루어질 것이라는 소문까지 나돌았다.

이런 소문에 이끌려 순례자들 무리가 로마를 찾기 시작했다. 교황은 신자들의 로마 방문을 금하지 않고

1300년 희년을 맞이해 로마에 도착한 순례자들을 축복하는 교황 보니파키우스 8세(프레스코화, 지오토)

그들이 원하는 대로 내버려두었다. 그러자 순례자들은 더욱 확신을 갖게 되었다. 이에 교황 보니파키우스 8세는 많은 고심 끝에 사도 성 베드로의 축일인 1300년 2월 22일을 성년으로 제정한다는 칙서를 반포했다. 그와 더불어 그는 그리스도께서 베드로에게 모든 권한을 위임했고 베드로는 그의 뒤를 잇는 교황들에게 그것을 다시 위임했다고 강조하면서 죄를 고백하고 뉘우치며 다가오는 모든 사람들에게 그들의 죄를 용서한다고 밝혔다. 이제 로마 순례로 대사를 받을 수 있는 길이 열리게 된 것이다. 교황은 사면 조건과 방법을 알리는 회람장과 칙서 사본을 전 유럽에 발송했다. 그가 이렇게 한 데는 영적인 동기뿐만 아니라 세속적인 동기도 작용했다. 세속 군주

와 제후들의 권력이 차츰 강화되고 있던 당시의 분위기 속에서 자신의 권한이 여전히 막강하다는 사실을 어느 정도 재확인하고 싶었던 것이다. 마침내 1300년이 다가오자 사람들은 전대사를 받기 위해 로마의 성 베드로 대성당으로 갔다.

유럽 전역의 연대기 작가들은 성년을 제정한 후 순례자들이 엄청나게 몰려들었다고 기술했다. "셀 수 없는 무리가 로마로 몰려들었다." "세계 곳곳에서 사상 유례가 없는 수의 사람들이 로마로 갔다." 여기에는 여성들도 예외가 아니었다. 상당수의 연대기 작가들은 여성들도 순례의 대열에 참여했다고 서술했다. "원근 각 나라에서 남성들과 마찬가지로 여성들도" 참가했고, "무수히 많은 남녀들이 서둘러 로마로 몰려들었다." 심지어 "남편과 아내와 자녀들이 집안 단속을 하고 (죄에 대한) 용서를 구하기 위해 함께 순례에 나섰다"는 기록도 있다.

파르마 대학교가 있는 이탈리아 북부 파르마의 한 연대기 작가는 사회적 신분과 출신, 거리, 여행의 형식과 관습, 숙박 장소 등을 매우 정확하게 기술하고 있다.

> "남자와 여자, 성직자와 세속인, 수사와 수녀들이 롬바르디아와 프랑스, 부르고뉴, 독일을 비롯한 기독교 국가들에서 로마로 갔다. 무수히 많은 귀족들과 기사들과 귀부인들, 처지와 신분과 계급과 직급이 다양한 수많은 남녀들이 성년을 맞아 로마로 갔다."

중세 문화의 중심지였던 이탈리아 모데나의 한 연대기 작가도 그 당시의 상황을 매우 생생하게 전해준다.

"1300년에는 4월까지 겨울 내내 무척 많은 눈이 내렸다. 지붕 위에 쌓인 눈을 삽으로 계속 퍼내야 했다. (…) 남녀노소 가릴 것 없이 수많은 기독교인들이 죄 용서를 구하러 갔다. 눈 때문에 걸어갈 수가 없어서 말과 다른 가축들을 타고 갔다. 돈이 없는 젊은이들은 어른들을 모시고 갔다. 이탈리아는 평화로웠고 사람들은 누구나 별다른 위험이 없이 로마로 갈 수 있었다."

성년은 처음에 100년마다 개최하기로 계획되었다. 한 사람이 생애에 전대사를 한 차례만 받게 해야 한다는 고려 때문이었다. 하지만 성년 행사가 대성공을 거두게 되자 교황 클레멘스 6세가 1350년을 새로운 성년으로 선포했다. 50년 만에 성년을 개최하기로 한 것이다. 이때 그는 레위기 25장 10절을 그 근거로 내세웠다. "너희는 오십 년째 해를 거룩하게 하여 그 땅에 있는 모든 주민을 위하여 자유를 공포하라." 그는 희년을 소개하고 있는 이 구절을 근거로 50년째 해를 거룩하게 하라고 했으니 성년을 50년마다 개최해야 한다고 주장했다. 하지만 이마저도 바뀌었다. 1389년에는 성년의 간격을 33년으로 줄였다가 1468년에는 그것을 다시 25년으로 줄였다. 오늘

날 가톨릭교회에서 매 25년마다 성년을 선포하고 특별 대사의
은혜를 베풀고 있는데 그런 연유가 바로 여기에 있다.

제2부 산티아고 순례길

순례자여, 누가 너를 불렀나?
무슨 힘이 너를 이끌었나?
별들의 길도 아니고
거대한 대성당도 아니다.
　　　　　—작자 미상

3장 산티아고 순례의 역사

최초의 순례

산티아고 순례에 관한 이야기는 9세기 초로 거슬러 올라간다. 전승에 따르면 813년 무렵 산속에 숨어사는 한 은자가 옛 공동묘지 터 위로 별빛이 쏟아지는 것을 보았다. 그 은자의 이름은 펠라요였다. 이를 신기하게 생각한 그는 이리아 플라비아 주교 테오도미로에게 그 사실을 알렸다. 그 이야기를 듣고 빛이 나고 있던 현장으로 달려간 테오도미로는 그곳에서 사도 성 야고보의 무덤을 발견했다. 그는 그 사실을 아스투리아스 왕국의 국왕 알폰소 2세에게 알렸다. 당시 왕국의 수도 오비에도에 거주하고 있던 알폰소 2세는 궁정 귀족들을 이끌고 무슬림들의 위협을 피해 내륙의 길을 따라서 오늘날의 산티아고 데 콤포스텔라로 갔다. 이것이 최초의 순례였다. 그가 걸어간 길이 나중에 카미노 프리미티보로 알려지게 된다. 최초의 길이라는 뜻이다. 오비에도에서 출발하여 그라도와 살라스, 티네오, 아얀데, 그란다스, 루고를 거쳐 산티아고 데 콤포스텔라로 가는 길이다. 오늘날에는 이 길을 오비에도 길 또는 북부내륙 길이라고도 부른다.

산티아고 데 콤포스텔라에 도착한 알폰소 2세는 그곳에다 예배당을 세우고 성소와 성 야고보의 유해를 돌볼 수도원을 건축하라고 지시했다. 834년에 낙성된 최초의 교회는 874년 그곳을 순례한 알폰소 3세가 더 큰 규모의 성당을 건축하라고 지시할 때까지 40년간 유지되었다. 그가 지시한 성당은 899년에 완공되었다. 하지만 이 성당은 997년에 파괴되고 말았다. 그곳을 점령한 코르도바 칼리프의 군사령관 알만소르가 성당을 잿더미로 만들어버렸다. 오늘날 우리가 보는 산티아고 데 콤포스텔라 대성당은 그 후 1128년에 봉헌된 건축물이다.

성 야고보 숭배

한동안 채석장으로 활용되던 공동묘지 터가 콤포스텔라가 되고 오늘날의 산티아고 데 콤포스텔라로 발전하여 세계 각처의 순례자들을 끌어들이게 된 데는 사도 성 야고보와 관련된 전승이 절대적 영향을 미쳤다.

전승에 따르면 죽음에서 부활한 그리스도께서 하늘로 올라가신 후에 사도들은 온 세계로 흩어져 그의 말씀을 전했다.

그때 성 야고보는 오늘날의 스페인과 포르투갈에 해당하는 히스파니아로 가서 말씀을 전했다. 당시 야고보라는 이름의 지도자가 두 명 있었다. 예수의 동생 야고보와 사도 야고보가 그들이다. 여기에 등장하는 야고보는 예수의 동생 야고보가 아니라 사도 야고보다. 세베대와 살로메의 아들이자 사도 요한의 형제 야고보다. 스페인어로 산티아고는 바로 이 성 야고보를 지칭한다.

사도 성 야고보(호세 데 리베라, 2011)

사도 성 야고보가 히스파니아에서 사도직을 수행할 때였다. 어느 날 오늘날의 사라고사에 해당하는 카이사르아우구스타의 한 기둥에 나타난 성모 마리아[1]가 야고보에게 예루살렘으로 가라고 지시했다. 그 지시를 따라 예루살렘으로 간 야고보는 그곳에서 헤롯에게 참수형을 당했다. 그의 죽음은 예수의 열두 제자들 가운데 최초의 순교였다. 서기 44년 무렵이었다.

이에 야고보의 제자들 아나타시오와 테오도로가 그의 시신을 몰래 수습하여 배에 싣고 지중해를 건너 히스파니아로 갔다. 우여곡절 끝에 오늘날 갈리시아 지방의 아 코루냐 주에 속한 이리아 플라비아(오늘날의 파드론)에 다다른 그들은 그 근처에 시신을 매장하고 그 위에 조그만 무덤을 만들었다. 그렇게 만들어진 야고보의 무덤은 곧 잊혔고 오랜 세월이 흘렀다. 연대기 작가들은 물론이고 역사가들도 그의 무덤에 대해 침묵했다. 그러다가 7세기 말 무렵이 되어서야 그 무덤을 다시 언급하기 시작했다.

8세기 말에는 이베리아 반도 전역이 무슬림들의 지배를 받고 있었다. 쫓겨난 기독교도들이 반도 북부의 산간 지역에서 초창기 기독교 왕국들과 백작령들을 건설하고 있었다. 그 가운데 하나가 아스투리아스 왕국이었다. 아스투리아스의 알폰소 2세가 조그만 나라를 재정비하여 확장해나가고 있었다. 성

---

[1] 기둥에 나타난 성모를 '필라르의 성모'라고 부른다. 여기서 '필라르'는 기둥을 뜻한다.

야고보의 무덤을 발견했을 때가 바로 이 무렵이었다. 지푸라기라도 잡고 싶어 하던 그들에게 성 야고보의 무덤 발견은 매우 의미심장한 사건이었다. 베아토로 알려진 유명한 수도사는 당시에 성 야고보를 추앙하는 찬가를 지었고, 산간 지역으로 피신한 기독교도들은 성 야고보를 자신들의 후원자이자 수호성인으로 모셨다. 알폰소 2세의 뒤를 이은 알폰소 3세는 성 야고보를 기독교 전사들의 보호자이자 아스투리아스 왕국의 수호성인으로 모셨다. 성 야고보는 이제 무슬림들과 맞서 싸우는 기독교도들의 수호자, 곧 '산티아고 마타모로스'가 되었다.

산티아고 마타모로스 동상(팔렌시아)

이러한 사도 성 야고보에 대한 숭배는 두 가지 전설적 전승에 토대를 두고 있다. 한 가지 전승은 사도 성 야고보가 이베리아 반도에 도착하여 복음을 전했고 서기 44년경에는 예루살렘으로 돌아가 헤롯 1세의 손자인 헤롯 아그립바 분봉왕의 지시로 참수를 당했으며 당시 대륙의 끝으로 알려진 피니스테레에 묻혔다는 내용이다. 또 다른 전승은 아스투리아스 왕국의 알폰소 2세 시대인 820년 무렵에 그의 무덤이 기적적으로 발견되었다는 내용이다.

사실 초창기에 기독교가 어떻게 전파되었는지에 대해서는 제대로 알 수가 없다. 그것을 이야기해주는 구체적인 증거나 자료가 없기 때문이다. 1세기 말 로마에는 베드로와 바울의 전도로 이루어진 기독교 공동체들이 이미 존재하고 있었고, 2세기에는 기독교가 갈리아 남동부(오늘날의 마르세유와 아를, 리옹 등)에 전파되었으며, 3세기에는 그것이 서게르마니아와 브리타니아(오늘날의 북서 유럽과 영국)로 확산되었을 것이라고 추정할 따름이다. 오늘날의 스페인과 포르투갈에 해당하는 히스파니아에는 2세기에 기독교가 전파되었을 것으로 짐작한다. 이런 추정에 입각해서 보면 서기 44년 이전에 사도 야고보가 이베리아 반도를 다녀갔다는 이야기는 사실과 거리가 멀어 보인다.

신약성경에 따르면 사도 야고보는 44년 무렵에 순교한 것으로 보인다(사도행전 12장 1~3절). 그로부터 대략 14년 뒤인 58년 무렵에 사도 바울이 로마를 거쳐 이베리아 반도로 가려고 했다. 이때 그가 이베리아 반도로 가기를 바란 이유는 한 가지였다. 그곳이 아무도 복음을 전하지 않은 곳이었기 때문이다(로마서 15장 19~24절). 우리는 여기서 몇 가지 중요한 사실들을 확인할 수 있다. 첫째로, 바울이 1세기 교회와 기독교를 확장하는 데 크게 기여한 인물이었기에 그가 당시 선교 상황을 제일 잘 알고 있었음에 틀림없다. 둘째로, 3차 선교여행 기간(52~58년)에는 그가 히스파니아를 방문하지 않았다. 셋째로, 바울이 로마서를 쓸 당시 사도 야고보는 이미 사망하고 없었다. 그러니까 사도 바울이 로마서에서 언급한 내용에 따르면 사도 야고보가 그보다 앞서 이베리아 반도를 다녀갔을 것이라고 추정하는 것은 무리이다.

그렇다면 사도 야고보가 이베리아 반도를 다녀갔다는 전승은 언제, 어떻게 생겨난 것일까? 히스파니아에서 누군가 그 이름을 알 수 없는 사도가 설교했다는 사실을 처음 언급한 것은 4세기 알렉산드리아 신학자 디디무스이다. 그 후 교부 히에로니무스가 사도들이 세계 도처에서 복음을 전했다고 주장하면서 스페인도 언급한다. 사도 야고보가 히스파니아에서 선교했다는 전승은 그 후에 등장한다. 이렇게 등장한 전승은 이 두 사람, 곧 디디무스와 히에로니무스의 주장에 근거를 두고 있다.

사도 야고보가 히스파니아를 방문했다는 내용을 전하는 문헌 가운데 제일 잘 알려진 문헌은 6세기 말이나 7세기 초에 작성된 『사도들의 성무일과서』이다. 그가 히스파니아에서 전도했고 그곳에 묻혔다는 문헌 전승은 8세기에 들어와서 스페인 북부 칸타브리아 지방의 수도사 베아토 데 리에바나에 의해 최종적으로 확정되었다. 성 베아토로 알려지기도 한 그가 교회의 보편성과 통일성을 이야기하는 맥락에서 사도들의 전도 지역을 언급하면서 사도 성 야고보가 스페인을 다녀갔다고 기록했다.

그런가 하면 사도 성 야고보의 무덤이 발견되었다는 전승은 수도원이나 수도회 소속 성직자 단체에서 읽는 성인열전에 수록되다가 9세기 중엽에 리옹의 부제이자 저술가인 플로루스 드 리옹의 책 부록에 소개되고 베네딕트회 수도사들의 저서들을 통해 기독교 세계에 널리 알려지게 되었다. 865년 무렵에는 사도 성 야고보에 대한 숭배가 확립되었고 그것이 서구 기독교 세계에 거대한 반향을 불러일으키기 시작했다.

사람들은 대개 사도 성 야고보에 관한 이러한 전승들이 과연 사실일까에 대해 관심을 갖는다. 이에 대해 스페인 중세사의 대가인 클라우디오 산체스 알보르노스는 딱 잘라 말한다. 근거 자료가 없기 때문에 사도 성 야고보가 실제로 스페인에서 복음을 전했는지 여부나 그의 시신이 실제로 갈리시아에 묻혀 있는지 여부는 그렇게 중요하지 않다. 그것보다는 스페인 사람들과 기독교 세계가 그러한 전승들을 믿었다는 점과 그러한 믿음이 진정한 기적을 만들어냈다는 사실이 더욱 중요하다. "성 야고보에 대한 숭배가 9세기에서 12세기 사이에 이슬람에 대항하여 싸우던 스페인 북서부 기독교 진영을 아우르는 강력한 구심점이었다"는 점 또한 의심할 나위 없는 사실이다. 이런 점에서 클라우디오 산체스 알보르노스의 지적은 매우 의미심장하다.

초창기의 순례자들과 순례의 확산

사도 성 야고보의 무덤이 발견되었다는 소식이 확산되자 유럽 전역에서 순례의 물결이 일어나기 시작했다. 무슬림이라는 공동의 적을 상대로 싸우는 기독교 수호자의 명성에 이끌려 경건한 자들 상당수가 스페인의 갈리시아 지방을 방문했다. 이를테면 프랑스 중남부의 도시 르 퓌 앙블레의 주교 고테스칼크가 950년에 수행원들을 데리고 산티아고를 순례했다. 그가 걸은 순례길이 훗날 프랑스 길로 알려지게 된다. 그가 다녀간 후 사도의 무덤을 방문하려는 관심이 점차 늘어나기 시작했다. 956년에는 카탈루냐 지방에 있는 몬세랏 수도원 원장 세사레오가 산티아고 데 콤포스텔라를 다녀갔고, 961년에는 프랑스 남서부 아키텐 지방의 백작 레이몽 2세가 그곳을 순례했다. 이밖에도 초창기 순례자들이 꽤 있었던 것으로 보인다. 하지만 불행하게도 순례자들의 국적이나 수에 관한 자료가 거의 남아 있지 않아서 여기서 구체적으로 언급할 내용은 별로 없다.

10세기에는 성 야고보의 무덤 위에 세운 교회가 로마의 성 베드로 무덤 위에 세운 교회에 필적하기에 이르렀고, 산티아고 데 콤포스텔라가 로마와 어깨를 나란히 하게 되었다. 게다가 기독교 세력의 영토가 스페인 북부 대서양 연안의 칸타브리아 산맥을 넘어서 아스토르가, 레온, 부르고스 등지로 확장되었다. 산티아고로 가는 프랑스 길이 만들어지기 시작했고, 길 주변에는 수도원들이 설립되었다. 하지만 앞서 얘기한대로 산티아고 데 콤포스텔라는 10세기 말에 무슬림 군사령관 알만소르에 의해 다시 파괴되고 말았다. 그러나 머지않아 곧 도시가 복구되었고 순례의 물결이 다시 이어졌다.

변화와 쇄신

11세기와 13세기 사이에는 순례의 관점에서 볼 때 산티아고 순례에 구조적 변화와 쇄신이 일어났다. 11세기에는 군주들이 구호소[2]를 설립하고 도로와 다리를 건설했다. 특히 카스티야 이 레온 왕국의 알폰소 6세와 나바라와 아라곤의 산초 라미레스가 순례자들을 위해 더 많은 노력을 기울였다. 그와

---

[2] 여기서 스페인어 오스피탈(Hospital)을 구호소라고 옮겼다. 요즘에는 이 기관이 병원으로서 환자 치료를 전담하지만 당시에는 주로 순례자나 나그네에게 숙소를 제공하고 필요할 경우 환자를 돌보았다.

더불어 프랑스인과 독일인, 영국인, 이탈리아인, 북유럽인, 심지어 지중해 건너편 순례자들이 산티아고 데 콤포스텔라를 방문하기 시작하면서 산티아고 순례의 물결이 유럽 전역으로 확산되었다. 특히 그 거리가 2천 킬로미터가 넘는 오늘날의 독일 남부에 해당하는 지역에서도 산티아고 순례가 시작되었다. 11세기 초에는 산티아고 순례자의 수가 로마 순례자의 그것과 맞먹을 정도로 늘어났다.

이 시기에는 개인 순례자들이 부쩍 늘었고 그들의 순례 기록들도 많이 남아 있다. 에버하르트 폰 넬렌부르크 백작이 그의 부인과 함께 취리히에서부터 산티아고 데 콤포스텔라를 순례했다. 1064년에는 노르망디 기사 가우티르 지파드가 스페인에서 무슬림들과 싸우고 산티아고 데 콤포스텔라를 방문했다. 그는 최초의 영국인 순례자로 알려졌다. 1084년에는 플랑드르 백작 보두앵 7세가 주교와 함께 산티아고를 순례했다. 1097년에는 포르투갈인 테레사와 앤히크 백작 부부가 이곳을 순례했다. 이탈리아의 성 안토와 성 기예르모 데 베르첼리도 이곳을 순례했다. 성 기예르모는 순례 당시 나이가 14세에 불과했던 것으로 알려져 있다.

1120년 2월에는 산티아고 데 콤포스텔라의 지위가 산하에 여러 소교구들과 관구들을 거느리는 대교구로 격상되었다. 1122년에는 교황 칼릭스투스 2세가 산티아고 데 콤포스텔라에 1126년 이후 성년을 개최할 특권을 하사했다. 1139년에는 최초의 산티아고 순례 안내서가 나왔다. 베네딕트회 수사 에므리 피코가 편찬한 『칼릭스투스 서책』 제5권이 그것이다. 스페인과 프랑스의 순례길들이 이 책에 소개되어 있다.

12세기에는 산티아고 순례자의 수가 최고조에 달했다. 이 무렵 순례자들이 매년 20만 명에서 50만 명에 달했을 것으로 추정된다. 산티아고 순례의 인기가 갈수록 늘어나고 있는 요즘의 그것과 맞먹을 정도였다. 2017년부터 순례자의 수가 30만 명을 넘어섰다. 단순 비교로는 당시 순례자의 수가 요즘의 그것과 맞먹을 정도라지만 12세기에 세계 인구가 3억 명 정도에 불과했고 유럽 인구가 5천만 명에도 미치지 못했다는 점을 고려해본다면 당시의 그 수치는 실제로 엄청난 것이었다.

순례자들

독일인들은 대개 독일 남부와 중부의 라인 강에서 순례를 출발했다. 이 시기에는 스칸디나비아인들도 이곳으로 순례를 떠나기 시작했다. 이른바 '순례자'로 알려진 노르웨이 국왕 시구르 1세가 1108년에 선박 60척으로 구성된 함대를 이끌고 갈리시아에 도착했고 산티아고 데 콤포스텔라를 지나 예루살렘까지 순례했다. 그 후 이 길을 따르는 순례자들이 꾸준히 늘었다. 1180년 이후에는 스웨덴인 성직자들을 보호하기 위한 순례 기사가 등장하기도 했다.

프랑스인들의 순례도 계속 증가했다. 에므리 피코도 『칼릭스투스 서책』을 쓰기 전인 1131년에 산티아고 데 콤포스텔라를 방문했다. 1154년에는 카스티야 국왕 알폰소 7세의 공주와 결혼한 프랑스의 루이 7세가 순례를 다녀갔다. 1173년에 산티아고 데 콤포스텔라를 방문한 아키텐 공작 기욤 10세는 산티아고 대성당 내부에 있는 사도 상 발아래에서 사망했다.

이 시기에 특이한 순례가 있었다. 십자군 병사들의 순례가 그것이다. 1147년에 플랑드르 백작이 이끄는 선박 2백여 척에 나누어 탄 그들은 잉글랜드의 다트머스 항구에 집결한 뒤에 리스본을 점령하는 데 참여했다가 산티아고 데 콤포스텔라를 방문했다. 그곳에 도착한 백작 일행은 성령 강림을 기념하는 오순절 축제에도 참여했다.

스페인 내에서는 성 도밍고 델라 칼사다와 성 마르티노 데 레온, 성 아르멩골, 성 도밍고 데 구스만 등 여러 성인들이 이곳을 순례했다. 특히 성 도밍고 델라 칼사다는 순례를 했을 뿐만 아니라 순례길을 만드는 데도 크게 이바지했다. 스페인 북부의 비토리아에서 태어나 어린 시절을 목동으로 지낸 그는 수도원 생활과 은자 생활을 했다. 그리고 오스티아의 주교 그레고리오와 함께 스페인의 길들, 특히 산티아고 길을 여행했다. 주교가 사망하자 그는 스페인 북부의 오하 강으로 내려갔고 그곳에 암자와 구호소를 세우고 돌길과 다리를 건설했다. 이렇게 생겨난 도시가 바로 라 리오하 지방의 산토 도밍고 델라 칼사다이다. 본명이 도밍고 가르시아인 그는 본명 대신에 '보행로'라는 뜻의 스페인어 '칼사다'가 들어간 도밍고 델라 칼사다로 유명한데 그 이유가 바로 여기에 있다.

절정기

13세기에서 15세기까지는 산티아고 순례의 절정기에 해당한다. 이 시기의 순례자들은 대사를 받으려는 순례자들과 거룩한 순례자들의 두 부류로 나뉜다. 귀족이나 고관대작 가릴 것 없이 크고 작은 범죄를 지은 순례자들이 전자에 속했고, 순례자 보호시설에 큰 혜택을 제공하여 성인의 반열에 오른 카스티야 국왕 페르난도 3세나 아시시의 성 프란체스코 같은 인물들이 후자에 속했다.

1217년에는 네덜란드인과 독일인 십자군이 잉글랜드의 다트머스에 집결하여 순례를 출발했다. 그곳에서 그들은 스페인의 아 코루냐 항구까지 배를 타고 갔고 항구에서 산티아고 데 콤포스텔라까지는 걸어서 갔다. 스칸디나비아인들의 산티아고 순례는 13세기에 절정에 달했다. 1270년 무렵에는 스웨덴 공주가 젊은 귀족들을 거느리고 도보로 순례했다. 스웨덴의 성녀 비르지타는 1341년과 1343년 사이에 산티아고 데 콤포스텔라를 순례하고 그 이듬해에 비르지타 수녀회를 창설했다. 그녀의 할아버지와 아버지도 이곳을 순례했다. 3대가 모두 산티아고 데 콤포스텔라를 순례한 셈이다.

프랑스에서는 국왕 루이 9세가 산티아고 순례를 했고, 스페인 재정복 운동이 정점에 달한 1212년의 나바스 데 톨로사 전투 이후에는 보르도 대주교와 낭트 주교가 산티아고 데 콤포스텔라를 방문했다. 포르투갈인들의 순례 가운데는 포르투갈 국왕 아폰수 2세의 순례가 유명하다. 그는 자신이 앓고 있던 한센병 치유를 위해 1220년에 산티아고 데 콤포스텔라를 순례한 것으로 알려져 있다.

15세기에는 매우 특별하게도 스페인의 가톨릭왕 부부가 순례했다. 1488년에 산티아고 데 콤포스텔라에 도착한 가톨릭왕 부부 이사벨과 페르난도는 그곳에다 왕립구호소를 건립했다. 15세기 후반에는 도시를 황폐화시키는 흑사병을 퇴치시켜달라고 간청하기 위해서 산티아고 데 콤포스텔라에 순례자를 파송하기도 했다. 이를테면 바르셀로나평의회는 1456년에 산타 마리아 데 헤수스 수도원의 수사 2명을 그곳으로 파송했고, 2년 뒤에도 사제 2명을 파송했다. 1483년에는 사제 3명에게 헌물용 은촛대를 들려 보내기까지 했다.

성 야고보의 성년으로 선포된 1434년에는 영국의 헨리 4세가 성년을 기념해 국민들에게 순례를 허가했다. 이때 영국인 순례자 3천 명이 선박 63척에 나누어 타고 아 코루냐 항구에 도착했다. 1445년 성년에도 그와 비슷한 규모의 영국인 순례자들이 산티아고 순례를 다녀갔다.

이 시기, 곧 14세기와 15세기에 유럽에는 백년 전쟁(1337~1453년)이 전개되고 있었고, 종교적 혼란 속에서 새로운 사상이 태동하고 있었다. 그와 더불어 근대국가들이 탄생하고 있었고, 지리상의 발견이 전개되고 있었으며, 바야흐로 인문주의 시대가 열리고 있었다. 1492년 그라나다 정복으로 기나긴 재정복 운동을 마무리한 스페인은 아메리카 대륙의 식민지 개척 사업을 추진하기 시작했다.

쇠퇴와 부활

하지만 산티아고 순례가 언제까지나 번성하지는 않았다. 유럽에서 종교개혁이 일어난 16세기 초부터 반대에 봉착하기 시작했고 17세기에는 눈에 띄게 쇠퇴했다. 이 무렵에 순례가 시들해지게 된 데는 크게 3가지 요인이 작용한 것으로 보인다.

우선 순례자들의 질적 저하 요인을 들 수 있다. 이 시기에는 앞서 얘기한 순례자들의 유형 가운데 거룩한 순례자들이나 종교적 순례자들이 거의 사라지고 대사를 바라는 순례자들의 수가 급증했다. 게다가 순례길을 따라 환대와 구호시설이 발달하게 되자 그것을 이용하려는 범죄자들과 불량배들, 부랑자들이 늘어나기 시작했고, 그와 더불어 일부 구간들의 순례길에는 치안이 매우 불안정했다.

당시 태동하고 있던 종교개혁도 순례자 감소에 중요한 요인으로 작용했다. 네덜란드의 가톨릭 사제이자 인문학자인 에라스무스는 순례에 유익한 점이 별로 없다고 했다. 그는 자신이 살고 있는 고장에서 자선을 베푸는 게 오히려 더 낫다고 강조했다. '오직 믿음을'을 주창한 종교개혁자들은 여기서 한 걸음 더 나아갔다. 그들은 순례를 낳은 성인 숭배 자체를 배격했다. 네덜란드는 1587년에 순례를 전면 금지하는 법령을 공포하기까지 했다. 이는 프로테스탄트들이 벌인 순례 반대 운동의 일환이었다. 가톨릭교의 교리와 의식 문제를 다루기 위해 소집된 트렌토 공의회(1545~1563년)가 순례의 방식을 재검토한 것도 이 무렵이다.

마지막으로 가톨릭교도들과 프로테스탄트들 사이에 전쟁이 벌어지면서 원거리 순례자들의 수가 급감했다. 이를테면 프랑스 위그노 전쟁(1562~1598년)과 네덜란드 독립전쟁(1568~1648년) 등으로 당시 유럽은 바람 잘날 없었다.

그래도 16세기 전반기에는 그럭저럭 순례가 계속 이어졌다. 1515년에 지속되는 가뭄과 기아의 위협을 해결하기 위해 카탈루냐 지방의 도시 지로나가 순례자 2명을 산티아고 데 콤포스텔라에 파송했고, 1554년에는 스페인의 펠리페 2세가 순례를 다녀갔다. 이때만 해도 스페인의 종교적 분위기는 매우 좋았다. 성 이냐시오 데 로욜라와 성 프란시스코 데 보르하, 성녀 테레사 데 헤수스, 성 후안 델라 크루스가 활약하고 있었다.

하지만 1588년에 스페인의 무적함대가 영국에 패배한 데 이어서 그 이듬해에는 영국의 드레이크 제독이 1만5천 명이 넘는 병력을 이끌고 아 코루냐 항구에 들이닥쳤다. 전승에 따르면 이때 산티아고 대주교가 사도 성 야고보의 유해를 몰래 안전한 곳으로 피신시켜 두었다고 한다. 그런데 유해를 피신시킨 대주교가 사망하는 바람에 유해의 위치를 아는 사람이 없게 되었고 그렇게 수 세기가 흘렀다. 그 유해를 다시 '발견' 하게 된 것은 한참 뒤인 1879년에 이르러서였다.

17세기에는 "갈리시아 무덤 위에 빛나던 별빛이 흐려진 것으로 보인다"는 속담이 등장할 정도였다. 산티아고 데 콤포스텔라를 방문한 사례들이 없지는 않았지만 주요 인사들의 순례는 사라지고 부랑자나 집시들을 동반한 탁발 수도사들의 순례만 간간이 이어졌을 뿐이다. 종교개혁 이후 스페인으로 순례한 독일인들은 거의 없었고, 루이 14세가 1671년과 1687년에 타국 순례 제한 조치를 취한 뒤에는 프랑스인들도 거의 없기는 마찬가지였다. 펠리페 3세와 펠리페 4세, 카를로스 2세로 이어지는 이 시기 스페인은 급속도로 쇠퇴하고 있었다. 가톨릭과 프로테스탄트로 나뉘어 싸운 30년 전쟁(1618~1648년)으로 유럽 전역도 매우 어수선했다. 이 전쟁이 끝난 뒤에야 순례자들의 수가 조금씩 늘어나기 시작했다.

18세기에는 가난한 자들과 성인들이 순례의 명맥을 이었다. 귀족과 고위성직자, 부유한 상인들의 순례 이야기는 거의 자취를 감췄다. 1723년 성년에는 5,194명에 달했던 순례자가 1735년에는 1,803명으로 감소했고, 그 후에는 아예 순례증서를 신청한 자들이 없어서 몇 명이 순례를 했는지 그 수를 파악할 수조차 없다.

19세기에는 순례가 그야말로 기이하고도 '진귀한 것'으로 여겨졌다. 사회가 세속화되면서 순례에 대한 관심이 더욱 시들해졌다. 1825년에서 1905년 사이에 산티아고 데 콤포스텔라를 순례한 등록자 수가 모두 1만 명 정도에 불과했다. 그러니까 1년에 평균 130명 정도가 순례했다는 이야기가 된다. 이 시기에 순례자의 수는 그야말로 바닥이었다.

하지만 밤이 깊으면 여명이 동터온다고 했던가. 1879년에 그런 일이 발생했다. 1589년에 자취를 감춘 사도 야고보의 유해가 거의 3세기 만에 다시 발견된 것이다. 교황 레오 13세가 유해 재발견 사실을 가톨릭 세계에 널리 알리고 순례에 대한 관심을 새롭게 환기시켰다.

산티아고 순례가 다소 부활의 조짐을 보이기 시작한 때는 20세기 최초의 성년인 1909년이다. 당시 사도 야고보의 무덤을 순례한 자들이 무려 147,538명에 달했다. 그 해 5월에 영국인 46명이 이곳을 순례했는데 이는 무려 3세기 반 정도 만에 처음 있는 일이었다. 하지만 그 후에도 사회의 세속화 진전과 양차 대전, 스페인의 고립 등으로 산티아고 순례는 대개 스페인인들, 특히 갈리시아 지방 주민들의 관심거리 정도에 불과했다.

산티아고 순례가 다시 부활되기 시작한 것은 20세기 중반 이후였다. 제2차 세계대전이 끝나고 유럽에는 무력충돌을 피하고 통합을 모색하려는 정치·문화적 분위기가 생겨났다. 그런 분위기를 타고 산티아고 순례에 대한 관심도 서서히 늘어나기 시작했다. 1950년대와 1960년대에는 산티아고 순례를 장려하는 단체들이 생겨났고 관련 도서들도 출간되었다.

그와 동시에 가톨릭교회도 순례를 부활시키는 데 박차를 가하기 시작했다. 1948년에 교황 비오 10세는 산티아고 데 콤포스텔라를 두고 '생생한 역사의 거울이자 매우 강력한 신앙의 중심지'라고 평가했다. 그 해에 스페인에서는 국민순례가 진행되었고 무려 10만 명이 순례에 참여했다.

특히 교황 요한 바오로 2세는 이 일에 매우 적극적이었다. 그는 1982년에 직접 산티아고 데 콤포스텔라를 순례했고, 1989년에는 산티아고 데 콤포스텔라 도심에서 3킬로미터 정도 떨어진 곳에 자리 잡은 몬테 데 고소(환희의 언덕)에서 세계청년대회를 개최했다. 50만 명의 청년 순례자들이 참가한 이 대회는 산티아고 순례의 이미지를 전 세계에 널리 알리는 계기가 되었다.

1985년에는 산티아고 데 콤포스텔라 도시가 유네스코 세계 유산에 선정되었고, 2년 뒤인 1987년에는 산티아고 순례길이 최초의 유럽문화탐방로로 지정되었다. 1993년에는 산티아고 순례길이 유네스코 세계유산에 선정되었다. 이는 갈리시아 지방총리 마누엘 프라가의 적극적인 지원과 홍보 덕분이기도 했다. 야고보 성년이기도 한 1993년에 이곳을 순례한 자들이 154만 명에 이르렀고 순례증서를 교부받은 순례자는 99,436명이었다. 2000년 이후부터는 성년이 아닌 평년의 순례자 수도 꾸준히 늘어나기 시작하여 2017년에는 그 수가 무려 30만 명을 넘어섰다. 순례자 수가 이제 중세 전성기의 수준에 다다랐다.

중세의 순례길들

『칼릭스투스 서책』은 유럽 최초의 여행기에 해당한다. 이 책에는 여러 나라 순례자들이 자신들의 고장에서 사도의 도시까지 다녀간 길들이 등장한다. 순례자들이 이용한 길은 이렇듯 하나가 아니라 여럿이었다. 그 길들은 점차 발달했다. 이 길들의 윤곽은 11세기에서 13세기 사이에 대체로 드러났다.

먼저 스페인 내에 발달한 길들을 살펴보자. 스페인 내에는 오비에도에서 출발하는 프리미티보 길과 론세스바예스에서 출발하는 프랑스 길, 솜포르에서 출발하는 아라곤 길, 네다나

아 코루냐에서 출발하는 영국 길, 세비야에서 출발하는 라 플라타 길, 이룬에서 출발하는 해안 길이 있고, 피니스테레(피스테라) 길, 아로우사와 우야 강 길, 마드리드 길, 발렌시아 길, 카탈루냐 길, 에브로 강 길도 있다.

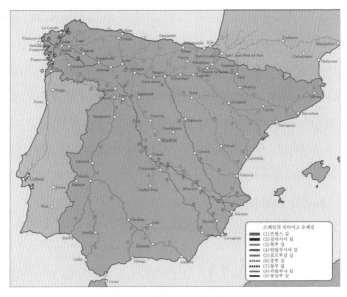

오늘날 스페인의 산티아고 순례길

오비에도 길이나 아스투리아스 길로도 불리는 프리미티보 길은 아스투리아스 왕국의 수도 오비에도에서 출발하여 루고를 거쳐 산티아고 데 콤포스텔라에 도착하는 길이다. 도중에 멜리데에서 프랑스 길과 합류하게 된다. 거리가 대략 370킬로미터 쯤 된다.

초창기부터 제일 많은 순례자들이 걸은 길은 프랑스 길이다. 유럽인 순례자들이 주로 이용하던 길이다. 론세스바예스에서 출발하여 나바라와 아라곤, 라 리오하, 카스티야 이 레온, 갈리시아 지방을 거쳐 산티아고 데 콤포스텔라에 이르는 이 길의 거리는 780킬로미터 정도 된다. 제일 널리 알려진 대중적인 길이다.

프랑스와 스페인의 국경 솜포르에서 출발하는 아라곤 길은 나바라의 푸엔테 델라 레이나에서 프랑스 길과 합류한다. 솜포르에서 푸엔테 델라 레이나까지는 3일 길이다. 이 길은 아라곤 왕국의 라미로 1세가 1035년 무렵에 하카에 왕국의 수도를 건설하면서 그 중요성이 부각되었다. 하카는 나중에 살펴볼 툴루즈 길의 1단계 종착지이기도 하다. 12세기와 13세기에는 스트라스부르와 리옹, 몽펠리에, 툴루즈에서 출발한 순례자들 상당수가 론세스바예스 길보다 이 길을 선호했다.

라 플라타 길은 스페인 남부에서 출발하는 순례자들을 위한 길이다. 1230년에 알폰소 9세가 바다호스를 정복하기 전까지는 통행이 불가능했다. 페르난도 3세가 세비야를 정복한 1234년에 이 길이 완성되었다. 레온 주의 아스토르가에서 프랑스 길과 합류하는 이 길은 거리가 무려 956킬로미터에 달한다. 이 길은 사모라에서 베나벤테를 거쳐 아스토르가로 가는 길과 푸에블라 데 사나브리아와 오렌세로 가는 길 두 갈래로 나뉜다. 후자를 경유하는 길의 거리는 아스토르가를 경유하는 길보다 더 길다. 도중에 산맥을 넘어야 하는 이 길은 칸타브리아 산맥의 기슭을 따라 난 프랑스 길보다 걷기에 더 힘들다.

영국 길은 영국, 아일랜드, 덴마크, 스칸디나비아 반도 등지에서 배를 타고 온 순례자들이 걷던 길이다. 등대를 의미하는 '파로'라는 단어를 사용하여 파로 길이라 부르기도 한다. 피니스테레 길은 산티아고 데 콤포스텔라에서 대륙의 끝으로 알려진 피니스테레까지 약 90킬로미터 정도 되는 길이다. 태양이 바다 저편으로 저무는 저녁노을을 감상하기 위하여 산티아고 데 콤포스텔라를 방문한 순례자들 상당수가 중세 말부터 이 길을 걷기 시작했다. 피니스테레에서 묵시아로 갈 수도 있다. 프랑스와 국경을 맞대고 있는 바스크 지방의 이룬에서 출발하는 해안 길은 강을 건너고 산지를 넘는 난코스여서 13세기까지만 해도 거의 찾지 않던 길이었다.

프랑스 내의 산티아고 순례길은 툴루즈 길과 르 퓌 길, 리모주 길, 투르 길의 네 갈래가 있었다. 아를 길이라 불리기도 하는 툴루즈 길은 그리스와 로마의 유적이 있는 론 강 하구 프로방스 지방 서편 지역의 중심지 아를에서 출발하여 툴루즈를 경유하는 길이다. 르 퓌 길은 오트루아르 주의 르 퓌 앙블레에서 출발하는 길이다. 르 퓌 앙블레의 주교 고테스칼크가 950년에 이 길을 걸었다. 베즐레 길로도 알려진 리모주 길은 프랑스 중부 욘 주의 남부에 위치한 마을 베즐레를 출발하여 리모주를 경유하는 길이다. 마지막으로 투르 길은 프랑스의 대표적 성인인 투르의 주교 성 마르탱의 유해가 있는 투르에서 출발하는 길이다. 투르는 앵드르에루아르 주에 속해 있다.

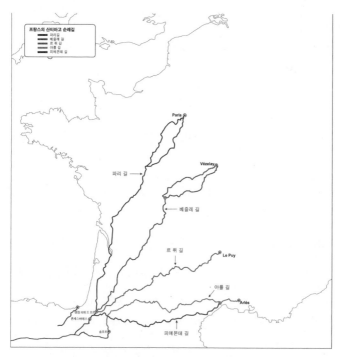

오늘날 프랑스의 산티아고 순례길

포르투갈 내의 산티아고 순례길은 도루 강 끝자락에 자리 잡은 포르투 시에서 출발하는 길이 유명하다. 독일 내의 산티아고 순례길에는 오버 슈트라세와 니더 슈트라세가 있다. 전자는 아인지델른에서 합류하여 르 퓌 앙블레에서 프랑스 길을 따라 론세스바예스까지 가는 길이고, 후자는 아헨에서 합류하여 파리와 투르, 보르도를 거쳐 론세스바예스까지 이어지는 길이다. 이탈리아 내의 산티아고 순례길도 리구리아 해안을 따라 걷는 해안 길과 알프스 산맥을 넘는 알프스 길의 두 갈래가 있다. 이 두 길은 모두 아를에서 툴루즈 길과 연결된다.

순례의 상징들

산티아고 순례하면 떠올리게 되는 상징들이 있다. 대표적 상징으로 대개 『칼릭스투스 서책』, 순례자여권, 순례증서, 향로, 성년, 지팡이, 조롱박, 이정표, 노란색 화살표, 조가비 등을 꼽는다.

우선 12세기에 편찬된 『칼릭스투스 서책』 제5권은 최초의 산티아고 순례 안내서이다. 여러 갈래의 산티아고 순례길과 경유하는 지역들, 순례길의 성인과 유물들, 산티아고 대성당 등을 소개하는 내용이 들어 있다. 이 서책은 한동안 잊혔다가 19세기 이후에 그 중요성이 부각되었다. 현재 산티아고 대성당 박물관에 소장되어 있다.

uiue sunt recipiendi. et diligent pro
curandi. Explicit codex quint': sci
iacobi apli. Ipm scribenti sit gtia. Si
tip legem. Hunc codicem punus wina
na eccta diligent suscepit. scribit eni
in oplib3 locis. in curia scilicet urietti
mitanis houis in gallia. i ytalia. inc
eutonica et in frisia et papue apo di
macum.

칼릭스투스 서책(12세기)

순례자여권(라 크레덴시알 델 페레그리노)은 여권과 유사한 기능을 한다. 국가를 넘나들 때 확인도장을 받듯이 빈 박스 칸에 확인도장을 받을 수 있게 돼 있다. 순례자여권은 지정된 곳에서만 발급받을 수 있다. 순례를 시작하는 도시나 마을에서 발급처가 어디인지 물어보면 친절하게 안내받을 수 있다. 확인도장은 순례를 제대로 했다는 사실을 입증하기 위해 받는 것이다. 이것은 성당이나 순례자 숙소(알베르게), 식당, 카페 등 도장이 비치된 곳이면 어느 곳에서나 받을 수 있다.

순례자여권

순례증서(라 콤포스텔라)는 순례를 마친 자에게 교부하는 증서이다. 산티아고 데 콤포스텔라에 있는 순례자 사무소에 순례자여권을 제출하고 소정의 확인 절차를 거친 다음에 이 증서를 받게 된다. 순례 코스를 완주한 경우는 물론이고 최소한의 거리를 순례해도 이 증서를 받을 수 있다. 교회법에 따르면 순례증서를 받기 위해 도보로는 최소 100킬로미터를 걸어야 하고 자전거로는 최소 200킬로미터를 달려야 한다. 이 거리를 완주하지 못한 자는 공식적으로 순례자가 아니다. 프랑스 길을 걸을 경우 갈리시아 지방의 사리아에서 출발하면 이 증서를 받을 수 있다. 그곳에서 산티아고 데 콤포스텔라까지 거리가 114.2킬로미터로 100킬로미터가 넘기 때문이다.

보타푸메이로라고 부르는 향로는 가톨릭교회 미사에서 분향할 때 사용하는 화로다. 산티아고 대성당의 향로는 거대한 것으로 유명하다. 1.5미터의 높이에 무게가 무려 62킬로그램에 달한다. 65미터의 밧줄로 대성당의 가로회랑에 매달아두었다. 숯과 향 400그램 정도를 넣은 향로를 8명의 진행요원이 줄을 잡아당겨 좌우로 움직이게 한다. 그러면 배경 음악과 더불어 향내가 은은하게 성당 가득 퍼져나간다. 그 기원은 확실치 않으나 전승에 따르면 11세기로 거슬러 올라간다. 땀에 젖은 순례자들에게서 나는 악취를 제거하기 위한 것으로 알려져 있지만 일종의 종교 의식이다. 이 의식을 과거에는 매주일 드리는 정오미사에서 볼 수 있었고 성년에는 매일 드리는 순례자 미사에서 볼 수 있었다. 하지만 요즘에는 1년 12차례 지정된 날에 드리는 미사에서만 볼 수 있고 성년에는 매주일 드리는 정오미사에서만 볼 수 있다.

보타푸메이로

성년은 구약성경 레위기의 희년에서 따온 개념이지만 실제로는 그것과 아무런 관련이 없다. 야고보 성년은 야고보 성인의 축일(7월 25일)이 주일, 곧 일요일과 겹치는 해이다. 성년에는 일정한 조건을 이행한 자들에게 사면을 베풀어주기 때문에 순례자들이 급증하는 경향이 있다. 최초의 야고보 성년은 1126년이었다. 최근에는 1993년과 1999년, 2004년, 2010년에 성년을 치렀고, 향후 2021년과 2027년, 2032년, 2038년을 성년으로 맞이하게 된다. 그런데 2021년 성년은 코로나19의 감염 위험

때문에 2022년까지 2년에 걸쳐 성년을 거행하게 된다. 로마 교황청이 이를 인가해주었다.

지팡이는 조롱박과 더불어 순례자의 표지이다. 지팡이는 가파른 길을 오르내릴 때 지지대로 사용할 수도 있고, 조가비나 조롱박 같은 것들을 걸거나 짐승들로부터 몸을 보호하는 데 사용할 수도 있다. 전통적으로 목재 지팡이를 사용해왔지만 요즘에는 지팡이 대신에 대개 트레킹 폴을 사용한다. 조롱박은 물이나 액체를 담는 데 사용한다.

| 이정표 | 노란색 화살표 |

이정표는 산티아고 데 콤포스텔라까지 남은 거리와 방향을 알려주는 표석이다. 크기와 색깔이 다양하다. 이정표와 마찬가지로 방향을 알려주는 노란색 화살표는 1970년대 프랑스 길에서 유래했다. 화살표를 그려서 순례자들에게 길을 안내했다. 길을 걷다보면 노란색 화살표가 더 없이 고마울 때가 있다.

길이 갈리는 곳에는 영락없이 반가운 화살표가 있다. 이정표와 노란색 화살표가 잘 갖추어져 있어서 혹시나 길을 잃지 않을까 염려하지 않아도 된다.

가리비의 조가비는 전통적으로 산티아고 데 콤포스텔라에 도착한 순례자들에게 제공된 일종의 증서 같은 것이었다. 순례자는 그 조가비를 모자나 망토에 부착하고 다녔다. 순례 도중에 조가비를 부착하고 다니는 요즘과 달리 예전에는 순례를 마치고 나서야 그것을 부착할 수 있었다. 조가비는 원래 순례를 마친 사람임을 알려주는 표식이자 야고보 성인을 숭배한다는 표시였다. 이런 의미를 지닌 조가비가 어느 때부턴가 산티아고 순례길의 상징물로 바뀌었다. 순례길을 알리는 표시로 길바닥과 이정표에 조가비를 사용하기 시작했다. 유럽기의 색상인 푸른색 바탕에다 노란색 조가비를 새겨 넣은 이정표는 스페인 디자이너 마쿠아와 가르시아 라모스의 작품이다.

조가비와 조롱박

길 바닥이나 벽에 부착한
조가비(레온)

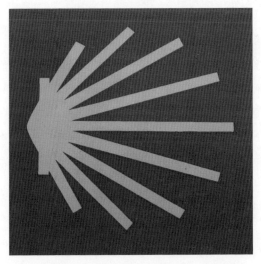

상징화한 조가비(산티아고 순례길 공식 표지)

조가비가 이렇듯 산티아고 순례길의 아이콘이 되었지만 그 것이 왜 그렇게 되었는지는 안타깝게도 잘 알려져 있지 않다. 갈리시아 지방에서 많이 나는 조가비로 순례자들이 물을 떠 마시면서 그렇게 되었다고 보는 이들도 있고, 순례가 한창이 던 중세 시절에 대성당 주변의 상인들이 순례자들에게 기념물 로 조가비를 판 데서 유래했다고 보는 이들도 있다. 13세기에 산티아고 데 콤포스텔라에서 조가비를 판매하던 가게가 천 곳 이 넘었다는 기록도 있다.

조가비와 관련된 흥미로운 일화도 있다. 사도 야고보의 제 자들이 스승의 시신을 배에 실어 이베리아 반도에 당도했을 때의 일이다. 그들이 갈리시아 해변에 도착했을 때 그곳에는 마침 결혼식이 거행되고 있었다. 결혼식을 마치고 사람들이 특이한 경기를 했다. 말을 탄 기마병이 창을 던지고 달려가서 그것이 땅에 떨어지기 전에 던진 창을 붙잡는 특이한 경기였 다. 마침내 신랑의 차례가 되었다. 그런데 신랑이 던진 창이 그만 바다에 빠지고 말았다. 그리고 그것을 잡으려던 신랑도 말과 함께 바다에 빠지고 말았다. 모두들 깜짝 놀라 숨을 죽 이고 바라보았다. 그런데 얼마 후 야고보의 시신을 실은 배 옆으로 신랑과 말이 그 모습을 드러냈다. 신랑은 사도의 제자 들에게 다가가서 인사를 건네려다가 자신의 몸이 온통 조가비 로 뒤덮인 것을 발견했다. 그는 목숨을 건지게 된 것에 감사 했고 나중에 기독교로 개종하게 된다. 순례자들이 조가비를 달게 된 것은 이 기적을 기념하기 위해서라는 이야기가 전해진다.

순례의 원동력

사람들이 순례를 떠나게 되는 순례의 원동력은 무엇일까? 그 동기나 계기는 길을 걷는 이들마다 다양할 것이다. 하지만 중세 유럽인들에게는 믿음이 제일 컸다. 여러 언어들로 번역된 작자 미상의 시가 이를 잘 웅변해준다.

> 먼지와 흙, 태양과 비
> 이것이 산티아고 순례길
> 수없이 많은 순례자들
> 그리고 일천 년
>
> 순례자여, 누가 너를 불렀나?
> 무슨 힘이 너를 이끌었나?
> 별들의 길도
> 거대한 대성당도 아니다
>
> 나바라인의 용맹함도
> 라 리오하의 포도주도
> 갈리시아의 해산물도

카스티야의 들판도 아니다

역사도 아니고 문화도 아니고
산토 도밍고 델라 칼사다의 닭도 아니고
가우디의 궁전도 아니고
폰페라다의 성채도 아니다

걸으면서 이 모든 걸 본다
그걸 보는 건 즐겁다
하지만 마음 속 깊은 데서 들려오는
나를 부르는 음성이 있다
나를 밀어붙이는 힘
나를 이끄는 힘이 있다
뭐라고 말할 수 없는 힘이
오직 위에 계신 그분만이 그걸 아신다!

이 시에 따르면 순례자를 불러낸 것은 별들의 길도 아니었
고 거대한 성당도 아니었다. 용맹함도 아니었고 포도주도 아
니었고 해산물도 아니었고 멋진 들판도 아니었다. 역사와 문
화도 아니었고 전설도 아니었고 궁전이나 성채도 아니었다.
그것은 오직 믿음이었다.

그러나 이 시에 등장하는 별들의 길과 기품 있는 대성당,
용맹의 과시, 그윽한 포도주, 맛깔난 음식, 아름다운 풍광, 다

채로운 역사와 문화, 흥미로운 일화, 고풍스런 궁전과 성채에 매료되지 않을 사람이 어디 있겠는가.

최근의 순례자들

최근에는 어떤 사람들이 무슨 동기로 순례를 했을까? 1991년만 해도 완주한 순례자들의 69퍼센트는 남성이었다. 여성은 31퍼센트에 불과했다. 전체 순례자들 가운데 54퍼센트는 30세 미만이었고 그들 대다수가 학생이었다. 31세에서 40세가 16.5퍼센트, 41세에서 70세가 4퍼센트를 차지했다. 직업별로는 학생들이 제일 많았고, 교수와 은퇴자, 군인, 피고용자, 의사, 사제, 기술자, 환자 순이었다. 우리는 여기서 순례자의 사회적 신분에 커다란 변화가 나타났음을 확인할 수 있다. 귀족이나 고위성직자, 부유한 상인 중심의 순례가 미래의 씨앗인 청년들의 순례로 바뀌었다.

나라별로는 당연한 일이겠지만 스페인 사람들이 대다수였다. 전체 65퍼센트 이상을 차지했다. 스페인 내에서도 마드리드 출신이 제일 많았고, 나바라인과 카스티야 이 레온인, 바스크인, 발렌시아인이 그 뒤를 이었다. 외국인 순례자들 가운데 다수는 프랑스인, 독일인, 벨기에인, 네덜란드인 순이었고, 포르투갈인과 스위스인, 오스트리아인, 이탈리아인, 그리스인은 특이하게도 그 수가 적었다.

순례증서 신청자가 30,126명이던 1998년에는 여성이 다소 늘어 38.78퍼센트를 차지했다. 30세 미만 청년의 수는 48.2퍼센트로 1991년에 비해 다소 줄었다. 나라별로는 프랑스, 독일, 라틴아메리카, 이탈리아, 벨기에, 네덜란드, 미국, 영국, 스위스 등의 순으로 많았다. 모두 70개 나라에서 참여했다. 프랑스 길을 이용한 순례자들이 압도적으로 많았다. 94퍼센트 정도에 달했다.

코로나19가 창궐하기 전 해인 2019년에는 347,578명이 순례했다. 여성이 처음으로 순례자의 절반을 넘는 51퍼센트를 차지했다. 연령별로는 30세에서 60세가 압도적으로 많았다. 54.5퍼센트에 달했다. 30세 미만이 26.75퍼센트로 과거에 비해 대폭 줄어들었다. 60세 이상은 18.7퍼센트를 차지했다.

순례 수단을 보면 도보로 순례한 자들이 94퍼센트에 달했고, 자전거 순례자들이 5.6퍼센트 정도였다. 이밖에 그 수가 매우 적기는 하지만 말과 배, 휠체어를 이용한 순례자들도 있었다.

순례의 동기를 보면 종교적이고 문화적인 동기가 48.7퍼센트로 제일 많았고, 단순하게 종교적인 동기는 40.3퍼센트에 달했다. 비종교적인 동기는 11퍼센트 정도였다. 종교와 관련된 동기가 여전히 압도적임을 알 수 있다.

나라별로는 스페인이 42.11퍼센트로 제일 많았고, 이탈리아 (8.27퍼센트), 독일(7.53퍼센트), 미국(5.94퍼센트), 포르투갈(5.02퍼센트), 프랑스(2.66퍼센트), 영국(2.63퍼센트) 순으로 많았다. 우리나라는 8,224명(2.37퍼센트)이 순례하여 8번째로 많았다. 모두 190개 나라에서 순례를 다녀갔다.

제일 많이 이용한 길은 여전히 프랑스 길이었다. 54.65퍼센트에 달했다. 하지만 1998년 통계에 비하면 그 비율이 큰 폭으로 줄었다. 포르투갈 길을 이용한 사람들의 수가 20.82퍼센트로 나타났다. 이제 걷는 길이 다양해지는 추세를 보이고 있다.

순례자의 상당수는 산티아고 데 콤포스텔라에서 120킬로미터 정도 떨어진 지점에서 순례를 시작하는 것으로 나타났다. 그 수가 2017년에 41퍼센트에 달했다. 이들이 제일 선호하는 출발지는 사리아였다. 피레네 산맥 너머에서 출발하는 순례자 수는 극히 적은 것으로 나타났다. 2017년에 2.3퍼센트, 곧 6,900명에 불과했다.

순례는 그것이 야외 활동이기 때문에 날씨가 좋은 계절에 집중된다. 2019년에는 순례자들의 86퍼센트가 5월과 10월 사이에 순례를 했다. 순례자가 제일 많이 몰린 8월에는 60,415명이 순례했다. 그러니까 2019년 8월에는 매일 2천 명 정도가 산티아고 데 콤포스텔라 땅을 밟은 셈이다.

4장 오늘날의 산티아고 순례길

산티아고 순례길들 가운데 가장 대표적인 길은 프랑스 길이다. 요즘 순례자들이 걷는 길은 예전보다 더 다양해졌다. 하지만 아직까지는 프랑스 길을 제일 선호한다. 2017년에는 산티아고 데 콤포스텔라로 간 순례자들의 60퍼센트 정도가 이 길을 걸어갔다. 여기서는 이 프랑스 길을 따라 가본다.

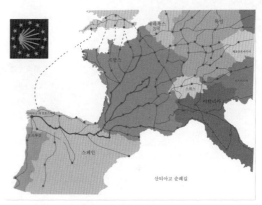

오늘날 유럽의 산티아고 순례길

프랑스 길은 2004년에 스페인의 아스투리아스 왕세자상을
받았다. 매우 흥미롭게도 길이 상을 받았다. 다양한 사람들과
문화들의 공존을 도모하고 유럽 기독교의 토대를 다지는 데
크게 이바지했다는 점에서 받은 상이다. 다양한 배경의 사람
들과 문화들, 다양한 양식의 건축물들, 수도원과 성들, 강과
숲, 이야기들이 있는 이 길은 정말 잊지 못할 체험과 소중한
추억을 만들기에 안성맞춤이다.

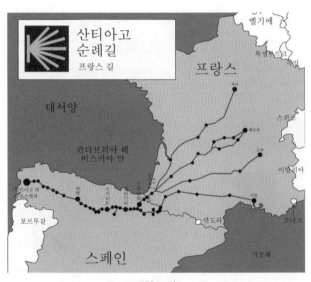

프랑스 길

프랑스의 생장 피에 드 포르에서 출발하여 산티아고 데 콤
포스텔라까지 이어지는 이 프랑스 길은 780킬로미터에 달하

고 33개 구간으로 이루어져 있다. 나바라, 아라곤, 라 리오하, 카스티야 이 레온, 갈리시아의 5개 지방을 지나고, 우에스카, 사라고사, 나바라, 로그로뇨, 부르고스, 팔렌시아, 레온, 루고, 아 코루냐의 9개 주를 지나며, 팜플로나, 로그로뇨, 부르고스, 레온의 4개 주도를 지난다.

이 길의 출발지는 생장 피에 드 포르이지만 순례자들이 즐겨 찾는 출발지는 론세스바예스와 사리아 두 곳이다. 스페인 땅에 속한 론세스바예스는 프랑스와 스페인 사이 국경을 넘을 필요가 없고 험한 비탈길을 피할 수 있어서 프랑스 길의 출발지로 각광을 받는 편이다. 그런가 하면 산티아고 데 콤포스텔라로부터 100킬로미터 조금 넘는 지점에 있어서 순례증서를 받을 수 있는데다가 5일 정도 걸으면 종착지에 도착할 수 있는 사리아는 순례 체험을 하고 싶은데 시간이 넉넉지 않은 사람들이 선호하는 출발지이다. 이밖에 부르고스나 레온, 폰페라다 등지에서 출발하는 방법도 있다.

순례는 대개 하루 20~25킬로미터를 걸어서 주파한다. 주로 오전에 걷고 오후에는 휴식을 취하거나 주변을 돌아보게 된다. 길과 주변 환경을 살피고 성찰할 때 순례는 더욱 풍성해진다. 이곳저곳 기웃거릴 시간이 많지 않기 때문에 둘러볼 우선순위를 정하는 게 좋다. 대개는 종교적인 것과 역사적인 것, 지리적인 것에 우선적으로 관심을 두게 된다. 이제 이런 점들을 염두에 두고 구간별로 따라 가보자.

프랑스

프랑스 길은 르 퓌 앙블레의 주교 고테스칼크가 950년에 수행원들을 동반하고 걸은 데서 유래했다. 오늘날에는 대체로 프랑스 남부의 생장 피에 드 포르에서 산티아고 데 콤포스텔라까지 이어지는 길을 프랑스 길이라 부른다. 프랑스 남부에 나있던 여러 갈래의 길들이 이곳에서 합류하여 스페인 땅으로 들어가게 된다.

[1구간] 생장 피에 드 포르 - 론세스바예스(24.2km)

저마다 다양한 경로로 생장 피에 드 포르에 도착하겠지만 파리에서 바욘을 경유하여 가는 경우가 흔하다. 순례 출발 하루나 이틀 전에 이곳에 도착하는 게 좋다. 순례자여권도 만들고 여러 가지 분위기를 파악할 필요가 있기 때문이다. 순례자여권은 순례자사무소에서 발급받을 수 있다.

생장 피에 드 포르

흔히 생장 피에 드 포르를 줄여서 생장이라고 하는데 생장에서 론세스바예스까지 가는 길은 두 갈래로 나있다. 하나는 피레네 산맥을 넘어가는 길이고, 다른 하나는 발카를로스로 우회하는 길이다. 전자는 해발 1,429미터에 달하는 레포에데르 재를 넘는 난코스다. 나폴레옹이 이 재를 넘었다고 해서 나폴레옹 루트로 알려져 있기도 하다. 난코스인데도 많은 사람들이 이 길을 선택한다. 그 이유는 아름다운 풍광에 있다. 길이 워낙 험하고 눈이 많이 내리기 때문에 11월에서 3월 혹은 4월까지 통제된다. 반면에 후자는 전자에 비해 그 길이 상대적으로 완만한 코스다. 어쨌든 이 구간이 산티아고 순례길 전 구간들 가운데서 제일 힘든 코스다. 그렇기 때문에 이 구간을 생략하고 론세스바예스에서 순례를 시작하는 사람들도 있다.

생장은 스페인과 국경을 맞대고 있는 프랑스 남서부 바욘주에 속한 자그마한 도시이다. 스페인 국경에서 8킬로미터 떨어진 곳에 있다. 흰색 벽과 오렌지색 지붕의 집들로 유명하다. 13세기에 건설된 요새 도시로 중세 성벽의 흔적이 남아 있다.

순례길에 접어들어 길을 걷다보면 또 다른 길, 곧 발카를로스 길을 안내하는 노란색 팻말이 나온다. 스페인 나바라 지방의 길은 프랑스와의 국경에 위치한 아르네기에서 시작된다. 론세스바예스 전투(778년)에서 끔찍한 패배를 겪은 카롤루스 대제를 기리는 카를로스 계곡, 곧 발카를로스를 지나 알토 데 이바녜타에 이른다. 해발 1,057미터의 피레네 산맥 산마루에 위치한 알토 데 이바녜타에는 순례자들에게 방향을 알려주기 위한 종탑이 있는 산 살바도르 예배당이 있다. 론세스바예스 전투에서 사망한 롤랑을 기리는 화강암 기념비도 이곳에 있다. 그의 업적을 기리는 무훈시가 바로 '롤랑의 노래'다.

롤랑 기념비

산티아고 교회(론세스바예스)

론세스바예스는 게르만족이 대이동을 하던 시기에 반달족과 수에보족, 알라노족이 이베리아 반도로 들어간 관문이자 튜턴족 순례자들이 지나간 곳이다. 이곳에 나바라 왕 산초 7세와 그의 부인 클레멘시아의 유해가 있는 산타 마리아 왕립 교회(13세기)가 있다. 성령의 예배당으로 알려져 있는 탑 모양의 건축물 카롤루스 대제의 사일로도 있다.

나바라 지방

국경을 넘으면 스페인 나바라 지방이다. 이 지방에는 65만 명 정도가 살고 있다. 지방이라고 보기에는 규모가 작다. 수도는 팜플로나이다. 이 지방에서는 6개 구간이 펼쳐진다.

[2구간] 론세스바예스 – 수비리(21.4km)

이 구간은 첫 번째 구간에 비해 상대적으로 수월하다. 하지만 수비리에 도착하기 4킬로미터 전쯤에서부터 시작되는 가파른 내리막길을 조심해야 한다. 도착지 수비리는 인구가 4백 명쯤 되는 자그마한 마을이다. 이곳에는 라 라비아 다리가 유명하다. 우리말로는 광견병교로 번역되는 이 다리가 아르가 강을 가로지른다. 수비리라는 지명은 이 다리에서 유래했다. 수비리는 바스크어로 다리가 있는 마을이란 뜻이다. 중세 시대에 세워진 석조 다리이다. 이 다리와 관련하여 전해 내려오는 흥미로운 이야기가 있다. 강 한복판에 중앙 교각을 설치해야 하는데 그 작업이 거의 불가능하다고 판단한 토목기사들이 강가의 흙을 파냈다. 그러자 그곳에서 광견병에서 보호해주는 수호여신인 성녀 키테리아의 유해가 발견되었다. 그때부터 그 교각 주위를 도는 동물은 광견병을 치유 받게 된다는 믿음이 생겨났다. 그래서 다리 이름을 광견병교라고 부르게 되었다고 한다.

[3구간] 수비리 - 팜플로나(20.4km)

이 구간은 평지여서 걷기에 무리가 없다. 도중에 여러 차례 다리를 건너게 된다. 비가 많이 내리는 킨토 레알의 우르키아가에서 발원하여 아라곤 강으로 흘러들어가는 아르가 강을 따라 걷게 된다.

도착지 팜플로나는 산맥으로 둘러싸인 도시이다. 인구는 20만 명 정도이다. 이 도시는 소몰이 축제인 산페르민 축제로 유명하다. 이곳은 11세기에 팜플로나 왕국의 왕 산초 3세의 후원을 받으며 번성하기 시작했다. 12세기에 건설된 막달레나 다리를 통해 도시로 진입하게 된다. 팜플로나로 들어가는 문이 6개인데 그 가운데 하나인 프랑스의 문은 16세기에 지어졌다. 순례가 한창이던 14세기와 15세기에 건축된 팜플로나 대성당은 로마네스크 양식의 건축물이다. 실내는 고딕 양식이다. 펠리페 2세가 축조한 성벽과 성채의 흔적이 잘 보존되어 있다.

막달레나교(팜플로나)

[4구간] 팜플로나 - 푸엔테 라 레이나(23.9km)

이 구간은 해발 750미터가 넘는 알토 델 페르돈으로 올라갔다가 해발 340미터의 푸엔테 라 레이나로 내려가는 코스다. 팜플로나를 벗어나 남쪽으로 내려가면 경관이 바뀐다. 산지가 사라지고 경작지가 펼쳐진다. 알토 델 페르돈 같은 고지대에는 바람이 많이 분다. 도중에 그 바람을 이용하는 풍력발전기들을 볼 수 있다.

도착지 푸엔테 라 레이나는 론세스바예스 길과 아를에서 출발하는 솜포르 길이 만나는 지점이다. 주민이 2,800명 정도 살고 있는 아담한 중세 도시이다. 도시 이름은 아르가 강을 가로지르는 로마네스크 양식의 다리에서 따왔다. 이 다리는 11세기에 나바라 왕국 왕비의 지시로 만들어졌다. 도시 이름

푸엔테 라 레이나는 우리말로 '왕비교' 또는 '왕비다리'라는 뜻이다. 다리는 폭이 4미터이고 길이가 110미터에 달한다. 도시 입구에 서 있는 순례자의 동상이 이곳을 지나는 순례자들을 반갑게 맞이해준다. 좁은 골목길은 중세 도시의 정취를 흠뻑 느끼게 해준다. 마요르 광장으로 불리기도 하는 훌리안 메나 광장은 나바라에서 제일 아름다운 광장이다.

라 레이나교(푸엔테 라 레이나)

[5구간] 푸엔테 라 레이나 - 에스테야(21.6km)

이 구간도 별 어려움이 없는 구간이다. 곡물 밭을 보며 걷다보면 어느 샌가부터 올리브나무와 포도나무가 눈에 들어오기 시작한다. 구간의 막바지에는 양귀비꽃과 밀밭에 둘러싸인 에스테야가 나타난다.

에스테야는 아라곤 왕 산초 라미레스가 1090년에 세운 중세 도시이다. 『칼릭스투스 서책』에서는 이곳을 이렇게 찬미했다. "에스테야 너머에는 맛있는 빵이 풍부하고 고기와 생선도 맛있으며 포도주도 뛰어나다." 이곳에 도착하기까지 생장에서 출발하여 100킬로미터 이상을 걸었으니 포도주를 음미하며 자축하는 것도 좋을 것 같다. 에스테야에는 나바라 왕들의 왕궁과 교회 건물들이 여럿 있다. 그 가운데 특히 12세기에 건축한 산 미겔 교회와 13세기에 지은 산토 도밍고 수도원이 볼만하다.

[6구간] 에스테야 – 로스 아르코스(21.3km)

이 구간은 해발 682미터의 비야마요르 데 몽하르딘 마을로 올라갔다가 로스 아르코스로 내려가는 코스이다. 정상으로 오르기 전에 푸엔테 델로스 모로스에서 목을 축이고 휴식을 취하는 게 좋다. 비야마요르 데 몽하르딘으로 올라가는 순례자들이 13세기 이래로 이곳에서 그렇게 했다.

로스 아르코스는 오늘날 인구가 1천 명 남짓한 작은 마을이지만 중세에는 꽤 잘나가던 도시였다. 12세기에 건축된 산타 마리아 교회와 옛 성벽의 일부를 구성하고 있는 카스티야의 문이 볼만하다. 2000년에는 이곳에 카르멘 티센 보르네미사

문화원이 들어섰다. 영화배우로 활약하던 스페인 태생의 카르 멘은 1985년에 20세기 세계 최대의 미술품 수집가인 한스 하 인리히 폰 티센 보르네미사 남작과 결혼하면서 더욱 유명해졌 다. 티센 보르네미사 가문이 수집한 미술품들이 현재 마드리 드 티센 보르네미사 미술관에 소장되어 있다. 로스 아르코스 는 카르멘의 외할머니가 태어난 곳이다.

[7구간] 로스 아르코스 - 로그로뇨(27.6km)

나바라 지방을 벗어나 스페인 최대의 포도주 산지인 아라 곤 지방으로 진입하는 구간이다. 에브로 강이 굽이쳐 흐르는 대도시 로그로뇨가 이 구간의 도착지이다. 로그로뇨에서 15킬 로미터 쯤 떨어진 곳에 클라비호 성이 있다. 844년에 사도 야 고보가 백마를 타고 이곳에 나타나 기독교 군대를 지휘하여 무슬림 부대를 물리쳤다는 전승을 지니고 있는 성이다.

로그로뇨는 1095년에 카스티야 왕 알폰소 6세가 이곳에 특 별법을 하사하면서 성장하기 시작했다. 카스티야와 나바라, 아라곤의 경계에 위치한 로그로뇨는 교통의 요지였다. 해발 500미터의 몬테 칸타브리아에 오르면 인구가 15만 명이 넘는 로그로뇨의 전경이 한 눈에 들어온다. 12세기 원시 교회 터에 건축한 산타 마리아 델라 레돈다 대성당을 비롯한 교회와 수 도원들, 요새의 흔적이 남아 있는 라베인 성벽, 산 후안 데 오 르테가 다리로도 불리는 석교 등이 볼만하다. 포도주에 관심

있는 사람이라면 포도주 저장고인 보데가도 둘러보아야 할 것이다. 보데가 온타뇬, 보데가 마르케스 데 무리에타, 보데가 다리엔, 보데가 캄포 비에호 등 여러 보데가들이 이곳에 있다.

아라곤 지방

[8구간] 로그로뇨 - 나헤라(29km)

이 구간은 29킬로미터에 달하는 긴 코스이다. 하지만 길이 완만한데다 주변에 포도나무를 비롯한 과실수들이 있어서 걷기에 그렇게 힘들지는 않을 것이다.

포도밭 사이를 걷고 있는 순례자들(로그로뇨)

라 리오하 지방 서부의 고지대 라 리오하에 위치한 나헤라는 레온 왕 오르도뇨 2세가 923년에 무슬림들을 물리치고 재정복한 곳이다. 팜플로나 왕 산초 3세가 이곳에 산티아고 순례길을 개척했고 카스티야 왕 알폰소 6세가 그 길을 확장했다. 1052년에 팜플로나 왕 가르시아 산체스 3세의 지시로 건립된 산타 마리아 라 레알 수도원이 있고, 그 내부에는 왕실 판테온과 산타 크루스 교회가 있다. 왕실 판테온에는 나바라 왕과 카스티야 왕, 레온 왕들의 유해를 모신 관들이 있다. 이 수도원은 1889년에 국가문화재로 지정되었다. 나헤라의 인구는 8천 명이 조금 넘는다.

라 리오하 지방

[9구간] 나헤라 – 산토 도밍고 델라 칼사다(20.7km)

아소프라와 시루에냐를 거쳐 산토 도밍고 델라 칼사다에 도착하는 구간이다. 시루에냐로 올라가는 길이 다소 힘들 수도 있다.

아랍 기원의 마을 아소프라에는 누에스트라 세뇨라 델로스 앙헬레스 교회가 있고 교회 내부의 주제단에 순례자 사도 성 야고보가 새겨져 있다. 혹시 체력에 여유가 있다면 잠시 경로를 벗어나 산 미얀 델라 코고야 마을에 들러보는 것도 좋겠다. 이 마을에 유네스코 세계유산에 등재된 수도원들이 있다. 산 미얀 데 수소 수도원과 산 미얀 데 유소 수도원이 그곳이다.

　도착지 산토 도밍고 델라 칼사다의 명칭은 설립자 성 도밍고 델라 칼사다에서 유래했다. 오하 강을 끼고 발달한 마을이다. 산티아고 순례길 때문에 생겨났고 그 길을 위해 존재하는 마을이다. 오하 강 때문에 순례자들이 어려움을 겪게 되자 성 도밍고 델라 칼사다가 이곳에 돌다리를 세웠고 나헤라에서 레데시야에 이르는 돌길도 닦았다. 그는 레온 왕 알폰소 6세의 지원을 받아서 순례자를 수용하기 위한 구호소와 교회도 건립했다. 대성당에 성 도밍고의 무덤이 있는데 정면에 암탉과 수탉이 있다. 이와 관련한 순례자의 기적 이야기가 매우 흥미롭다.

　전승에 따르면 14세기에 후고넬이라는 독일 청년이 부모와 함께 산티아고 순례길을 걷고 있었다. 이 마을에 도착한 그들은 여관에서 하룻밤을 묵었다. 그때 시중을 들던 소녀가 후고넬을 보고 한눈에 반하고 말았다. 고민에 고민을 거듭한 소녀는 그 청년에게 사랑을 고백했다. 하지만 그 청년이 한마디로 딱 잘라 거절하고 말았다. 청년에게 거절을 당한 소녀는 복수를 하려고 그의 짐에 은제 컵을 몰래 숨겼다. 청년 일행이 떠난 뒤 소녀는 컵을 훔쳐갔다고 청년을 당국에 고발했다. 청년은 곧 마을 법정에 끌려왔고 그의 가죽부대에서 그 컵이 발견되었다. 청년은 결국 절도죄의 누명을 쓰고 교수형으로 처형되고 말았다. 아연실색한 청년의 부모는 성 야고보에게 기도하는 것 말고 달리 할 일이 없었다. 하는 수 없이 그들은 아들의 시신에게 작별 인사를 고했다. 그때 그들은 "저는 살아 있어요" 라는 아들의 음성을 들었다. 이를 이상하게 여긴 그들이 재판관에게 달려가서 그 사실을 전했다. 그러자 오븐에 구운 암탉을 먹으려던 재판관이 "그 애는 이 닭처럼 죽었다"고 말했다. 그 순간 그 암탉이 벌떡 일어났다. "산토 도밍고 델라 칼사다에는 오븐에 구운 암탉이 노래했다"는 속담이 있는데 이 전승에서 유래한 속담이다.

카스티야 이 레온 지방

이제 이곳부터는 라 리오하의 포도밭을 뒤로 하고 카스티야 이 레온의 곡물 밭 세계로 들어가게 된다. 지금으로부터 100만 년 전후에 살았던 전기 구석기 시대의 화석 인류 호모 안테세소르의 유적이 있는 아타푸에르카 산맥에서 부르고스 방향으로 카스티야의 고원 지대가 펼쳐진다. 『칼릭스투스 서책』은 이곳을 두고 "오카 산지를 지나면 부르고스 방향으로 스페인 사람들의 땅, 곧 카스티야와 평원이 펼쳐진다. 이 땅은 보물로 가득 차 있다. (…) 하지만 나무는 거의 없다"고 소개하고 있다.

[10구간] 산토 도밍고 델라 칼사다 – 벨로라도(22.0km)

이 구간은 별다른 어려움이 없는 코스다. 다만 차도를 건널

때 조심해야 한다. 라 리오하 지방의 마지막 마을은 그라뇬이고 카스티야 이 레온의 첫 마을은 레데시야 델 카미온이다. 가게와 약국들이 있는 그라뇬에서 쉬어가는 게 좋다. 이곳에는 15세기와 16세기에 지어진 산 후안 바우티스타 교회가 있다.

도착지 벨로라도는 인구가 2천 명이 안 되는 작은 도시이다. 부르고스 주에 속해 있다. 주변에 옛날 성의 잔해가 남아 있다.

[11구간] 벨로라도 - 산 후안 데 오르테가(23.9km)

이 구간은 산티아고 순례길에서 전형적으로 볼 수 있는 조그만 마을들을 지나가다가 오카 산지에 있는 비야프랑카에서부터 경사가 급한 오르막길을 걷게 된다. 외로운 길을 걸으며 지나간 과거를 잊고 숲속의 경관을 감상할 수 있다.

도착지의 마을 이름 산 후안 데 오르테가는 같은 이름의 성인에게서 유래했다. 본명이 후안 데 벨라스케스였던 성 후안 데 오르테가는 성 도밍고 델라 칼사다의 제자로서 순례자들을 지원하는 일에 평생을 바쳤다. 그가 남긴 최대의 작품은 오카 산지에 세운 산 니콜라스 데 바리 교회와 산 후안 데 오르테가 수도원이다. 산 니콜라스 데 바리 교회는 1931년에 스페인 문화재로 지정되었다. 마을 인구는 현재 20명 정도에 불과하다.

산 후안 데 오르테가 수도원(산 후안 데 오르테가)

[12구간] 산 후안 데 오르테가 - 부르고스(25.8km)

이 구간에서는 카스티야 지방에서 흔히 볼 수 있는 평지를 걷게 된다. 아헤스와 아타푸에르카, 카르데뉴엘라 리오피코, 비야프리아를 거쳐서 부르고스에 도착하는 코스다. 아타푸에르카에서 부르고스에 이르는 돌투성이 길을 조심할 필요가 있다.

부르고스는 884년에 디에고 포르셀로스 백작이 설립한 도시이다. 시장을 중심으로 요새를 건축하라는 아스투리아스 왕 알폰소 3세의 지시로 도시를 건설했다. 도시에서 제일 높은 산 미겔 언덕에 커다란 성이 우뚝 서 있다. 부르고스라는 도시 이름이 여기서 유래했다. 부르고스는 성 또는 성의 감시탑을 의미했다.

11세기에 수도로 지정되면서 중요성이 더욱 커진 부르고스는 가톨릭 공동왕의 치세 때까지 카스티야 왕국의 수도 역할을 했다. 부르고스 대성당은 1075년에 알폰소 11세가 설립한 로마네스크 양식의 건축물에서 출발했다. 13세기에 재건축을 시작한 대성당 건물이 15세기와 16세기에 개축을 거쳐 오늘에 이르렀다. 고딕 양식의 회랑이 있고 사도 성 야고보의 이미지가 여기저기에 있다. 대성당은 1984년에 유네스코 세계유산에 등재되었다.

부르고스 대성당과 순례자 동상(부르고스)

14세기에 지어진 산 레스메스 교회에는 성 레스메스의 관이 있다. 성 레스메스는 11세기 프랑스의 귀족 순례자 성 알롬이었다. 그는 부르고스에 정착하여 순례자들을 지원하는 데

헌신했다.

부르고스는 또한 스페인 재정복 운동의 영웅 엘시드와도 관련이 깊다. 부르고스 인근에서 태어난 그의 기마상이 시내 광장에 우뚝 서 있다.

이밖에도 부르고스에는 한번 둘러보면 좋을 교회와 수도원, 순례자를 위한 구호소, 저택들이 많이 있다. 부르고스의 인구는 현재 17만6천 명 정도다.

[13구간] 부르고스 - 오르니요스 델 카미노(21.0km)

여기서는 끝없이 펼쳐지는 카스티야의 평원이 시작된다. 고대 로마제국의 도시 타르다호스와 라베 델라스 칼사다스를 거쳐 오르니요스 델 카미노로 가는 코스다. 도착지인 오르니요스 델 카미노는 주민이 50명 정도밖에 되지 않는 작은 마을이다.

카스티야 평원

숙박시설이 상대적으로 부족한 성수기에는 숙소를 사전에 예약할 필요가 있다.

[14구간] 오르니요스 델 카미노 - 카스트로헤리스(19.9km)

들판을 가로지르는 길을 무한정 걷게 된다. 태양이나 추위나 비를 피할 곳이 없다. 그늘과 피난처 같은 것을 제공해주는 건 달랑 물푸레나무 몇 그루밖에 없다. 카스트로헤리스는 오드라 강가에 위치한 인구 850명 정도의 자그마한 마을이다. 마을 입구에 있는 산 안톤 구호소의 흔적에서 한 때 이곳을 드나들었을 수많은 순례자들을 상상해볼 수 있다. 마을에는 산토 도밍고 교회와 산 후안 교회, 산타 클라라 수도원, 산 프란시스코 수도원 등이 있다.

[15구간] 카스트로헤리스 - 프로미스타(24.7km)

여기서는 구간 초입부에서 알토 데 모스텔라레스로 올라가는 가파른 오르막길을 조심해야 한다. 그 이후에는 팔렌시아에서 발원하여 두에로 강으로 흘러들어가는 피수에르가 강의 물소리를 들으며 걸을 수 있다. 이 구간은 팔렌시아 주의 보아디야 델 카미노를 거쳐 부르고스 주의 프로미스타로 들어가는 코스다. 보아디야 델 카미노는 그 이름에서 알 수 있다시피 순례자들을 위해 생겨난 마을이다. 프로미스타에는 유럽 전역에서 로마네스크 양식이 제일 완벽하게 보존되어 있는 산

마르틴 교회가 있다. 주민은 8백 명이 조금 넘는다.

[16구간] 프로미스타 – 카리온 델로스 콘데스(18.8km)

이 구간은 거리도 20킬로미터가 채 안 되는데다가 길이 평지로 나있어서 별로 부담이 가지 않는 코스이다. 군데군데 조그만 마을들이 있어서 쉬어 갈 수도 있다. 도착지인 카리온 델로스 콘데스는 인구가 2천 명 조금 넘는 소도시이지만 한때 왕국의 왕자들이나 후작 같은 역사적 인물들이 묵어간 곳이다. 1231년에 설립된 산타 클라라 왕립수도원이 이곳에 있다. 이슬람풍의 기독교 건축 양식인 무데하르 양식을 엿볼 수 있다. 아시시의 성 프란체스코가 순례 도중에 이곳에서 쉬어간 것으로 알려져 있다. 왕들의 거처와 순례자 숙소 등 다양한 용도로 사용된 산 소일로 왕립수도원도 있다. 이 수도원은 산티아고 교회와 더불어 스페인 문화재로 지정되어 있다.

[17구간] 카리온 델로스 콘데스 – 테라디요스 델로스 템플라리오스(26.3km)

이 구간은 탁 트인 풍광이 펼쳐져서 좋지만 거리가 좀 길다. 10킬로미터 이상을 걸어도 가게가 없는 구간이 있으니 여름철에는 음료수를 꼭 챙겨야 한다. 스페인의 아스토르가와 프랑스의 보르도를 잇는 고대 로마시대의 도로를 한동안 따라 걷게 된다. 도착지 직전 마을인 레디고스에는 세 가지 이미지의 야고보, 곧 순례자 복장을 한 야고보와 사도 복장을 한 야고보, 무어인을 죽이는 야고보가 있는 산티아고 교회가 있다. 테라디요스 델로스 템플라리오스는 황금알을 낳는 암탉 이야기가 있는 곳이다. 산 에스테반 성당의 주임 신부가 산티아고 대성당 참사회에 매년 황금알을 가져다주었다. 그런데 하루는 그들이 황금알이 아니라 황금알을 낳는 암탉을 가져오라고 했다. 이에 그 신부는 산티아고로 데려가지 못하도록 그 닭을 토르보시요 언덕에 묻어버렸다. 전해 내려오는 이야기이기는 하지만 신부가 왜 그렇게 했는지는 여전히 아리송하다. 테라디요스 델로스 템플라리오스에는 현재 2,200명 정도의 주민이 살고 있다.

[18구간] 테라디요스 델로스 템플라리오스 – 베르시아노스 델 레알 카미노(23.2km)

팔렌시아 주를 뒤로 하고 레온 주로 들어가는 코스이다. 레온 주에서 처음 접하게 되는 도시는 사아군이다. 세아 강과 발데라두에이 강 사이에 위치한 사아군은 고대 로마시대의 순교자 파쿤도와 프리미티보에서 비롯되었다. 기독교도가 박해받던 시대에 두 형제도 참수를 당했다. 그들의 시신을 세아 강에 버렸는데 그곳에서 기적들이 일어났다. 이에 그곳이 기독교도들이 자주 찾는 성지가 되었다. 12세기에 지은 로마네스크 양식의 산 티르소 교회와 13세기에 지은 로마네스크 양식의 산 로렌소 교회, 13세기에 지은 순례자 성모의 성소가 있다. 도착지 베르시아노 델 레알 카미노는 주민이 2백 명도 되지 않는 자그마한 마을이다. 이곳에 초창기에 세운 순례자 숙소 알베르게가 있다. 시골 풍경을 즐길 수 있는 곳이다.

산 로렌소 교회(사아군)

[19구간] 베르시아노스 델 레알 카미노 – 만시야 델라스 물라스 (26.3km)

이 구간은 엘 부르고 라네로와 렐리에고스를 거쳐 만시야 델라스 물라스로 가는 코스다. 구간이 긴데다가 엘 부르고 라네로까지는 인가가 드물어서 출발하기 전에 먹을 것을 제대로 챙겨야 한다. 에슬라 강을 끼고 발달한 만시야 델라스 물라스는 요새 도시이다. 성벽은 1181년에 레온 왕 페르난도 2세의 지시로 축조되었다. 에슬라 강에는 길이가 141미터나 되는 중세 시대의 다리가 있다. 지금의 다리는 1573년에 개축한 것이다. 이곳에 1,700명 정도의 주민이 살고 있다.

[20구간] 만시야 델라스 물라스 – 레온(18.5km)

이 구간은 거리가 20킬로미터도 안 되고 길도 평탄해서 부담이 없는 코스다. 옛 레온 왕국의 수도를 방문한다는 기대로 발걸음이 더욱 가벼울 것이다. 도중에 만시야 마요르에 있는 산타 마리아 데 산도발 수도원을 둘러보는 것도 좋다. 12세기에 시토회 수도원으로 건축된 이 수도원은 1931년에 스페인 문화재로 지정되었다.

레온은 토리오 강과 베르네스가 강이 합류하는 지점에 위치해 있다. 70년 무렵에 고대 로마제국의 황제 갈바가 아스투리아스족과 칸타브리아족의 침입에 대비해 세운 병영 '레히오 셉티마 헤미나'에서 그 이름이 유래했다는 설이 유력하다. 9세기에 오르도뇨 1세와 알폰소 3세에 의해 도시가 재탄생되었고 오르도뇨 2세 때 아스투리아스-레온 왕국의 수도가 되면서 도시가 크게 발달했다. 1056년에는 산 이시도로 바실리카 건립이 시작되었고 1205년에는 대성당 건축이 시작되었다. 하지만 1230년에 왕국이 카스티야와 통합하게 되면서 레온은 안타깝게도 수도의 지위를 상실하고 만다.

레온 대성당(레온)

1280년에 완공된 레온 대성당은 고딕 양식의 걸작이다. 스테인드글라스가 유명하다. 산 이시도로 바실리카는 순례와 밀접한 관련이 있다. 산티아고 대성당과 마찬가지로 이곳에도 용서의 문이 있다. 이곳 판테온에는 국왕 23명과 왕자 12명, 백작 9명의 시신들이 안치되어 있다.

중세에는 구호소와 숙박업소가 무려 17곳에 달했다. 이를테면 산 마르코스 병원은 '그리스도의 가난한 자들'을 위한 병원과 교회를 설립하라는 도냐 산차 공주의 지시로 12세기에 설립되었다. 이밖에 레온에는 레온 성과 고대 로마 시대 성벽의 일부가 남아 있고 산 프란시스코 수도원을 비롯한 여러 수도원들과 교회들이 있다.

[21구간] 레온 - 산 마르틴 델 카미노(24.6km)

이 코스는 대도시를 떠나 카스티야 평원과 밀밭 사이를 걷는 구간이다. 비야당고스 델 파라모에는 산티아고 교회가 있다. 17세기 말이나 18세기 초에 사도 성 야고보를 기리기 위해 지은 건축물이다. 황새 둥지가 있을 것으로 보이는 커다란 종탑이 있다. 바로크 양식의 제단에는 무어인을 죽이는 성 야고보의 기마상이 있는데 머리에 쓴 삼각 모자와 손에 쥔 검이 매우 특이하다.

도착지 산 마르틴 델 카미노는 레온과 아스토르가 사이에 있는 마을이다. 인구가 4백 명이 채 안 되는 자그마한 마을이어서 마을의 고요함을 즐길 수 있다.

[22구간] 산 마르틴 델 카미노 - 아스토르가(23.7km)

이 코스는 오스피탈 데 오르비고와 산티바녜스 데 발데이글레시아스, 산 후스토 델라 베가를 거쳐 아스토르가에 이르는 구간이다. 오스피탈 데 오르비고에는 엘 파소 온로소 다리가 있다. 이 다리에서는 과거에 명예로운 통과를 위한 결투가

진행되었다. 기사도의 전통에서 비롯된 이 결투는 1434년에
수에로 데 키뇨네스를 비롯한 10명의 기사들이 이 다리를 건
너려는 다른 기사들과 일대일 결투를 제의하면서 시작되었다.
경기는 7월 10일에서 8월 9일까지 진행되었다. 이 결투에서
부상을 입은 수에로 데 키뇨네스가 산티아고 데 콤포스텔라로
순례를 떠났다는 이야기가 전해진다.

엘 파소 온로소교(오스피탈 데 오르비고)

아스토르가는 프랑스 길과 라 플라타 길이 만나는 지점에
있다. 예로부터 순례자를 위한 구호소와 종교적 기념물이 많
았던 이유가 여기에 있다. 아스토르가에는 고대 로마 도시와
중세 도시의 흔적이 많이 남아 있다. 하수도와 포럼, 참호, 목
욕탕 같은 것들에서 고대 로마 도시의 자취를 볼 수 있고 성
벽에서 중세의 흔적을 찾아볼 수 있다. 이 성벽의 기원은 사
실 3세기와 4세기로 거슬러 올라간다. 하지만 중세 시대에 그
것의 상당 부분이 개축되었기에 중세 성벽이라고 부른다. 13

세기에 레온에 통합되기 전까지 백작령이었던 아스토르가는 15세기에 최고로 번성했다. 산타 마리아 대성당은 이때 건축된 것이다. 대성당은 프랑스 후기 고딕 양식인 화염식 고딕 양식의 건축물이다. 곡선과 곡선이 어우러져 마치 불꽃이 타는 것과 같다고 하여 화염식이라고 부른다.

성벽(아스토르가)

[23구간] 아스토르가 - 폰세바돈(25.8km)

이 구간의 풍광은 전반부와 후반부가 뚜렷이 대비된다. 전반부에는 전형적인 카스티야 평원과 마을들이 계속되고, 후반부에는 엘 비에르소 산지로 올라가는 오르막길이 이어진다. 중간 지점인 엘 간소 마을 인근에는 순례 도중에 사망한 여성

순례자를 기리는 기념비가 있다. 폰세바돈은 인구가 계속 줄고 있는 마을이다. 최근에는 20명 미만으로 줄었다. 하지만 과거에는 순례자들 대다수가 쉬어가던 곳이었다.

[24구간] 폰세바돈 – 폰페라다(26.8km)

출발지로부터 7킬로미터 내지 8킬로미터 떨어진 지점에서 폰페라다까지 가파른 내리막길이 이어지는 구간이다. 거리가 멀다는 생각에 서둘러 내려가는 것은 금물이다. 흔히 내리막길에서 사고가 나니 조심에 조심을 더해야 할 것이다.

폰세바돈과 만하린 사이에는 해발 1,410미터의 폰세바돈 산마루가 있다. 이곳에서 레온 산지를 조망할 수 있다. 폰페라다가 내려다보이는 1,504미터의 이라고 산 고지에는 철제 십자가가 서 있다. 이곳이 프랑스 길에서 제일 높은 곳이다. 높이가 5미터가량 되는 떡갈나무 기둥이 직경 5미터 정도의 거대한 돌무더기 중앙에 세워져 있고 그 나무 기둥 위에 철제 십자가가 있다. 이 철제 십자가와 관련해서는 여러 가지 설이 있다. 겨울에 사방이 눈으로 뒤덮였을 때 이곳을 지나가는 순례자들에게 길을 안내하기 위해 세운 것이라는 설도 있고, 중요 지점에 돌을 쌓아오던 순례자들의 오랜 관습을 따라 그곳을 지나가던 순례자들이 돌을 쌓았고 훗날 그 위에다 십자가를 얹어 기독교적 의미를 부여한 것이라는 설도 있다. 철제 십자가를 지나서부터는 초록이 압도하는 새로운 풍광이 펼쳐진다.

철제 십자가(폰페라다)

폰페라다는 11세기부터 산티아고 순례와 더불어 발달한 순례자들의 도시이다. 실 강과 보에사 강이 만나는 지점에 있다. 폰페라다 성이 매우 인상적이다. 1178년 이곳에서 조그만 요새를 발견한 성당 기사단이 산티아고 순례를 위해 그곳을 대

대적으로 확장하여 오늘에 이르렀다. 그래서 이 성을 성당 기
사단의 성, 곧 카스티요 델로스 템플라리오스라고도 부른다.
인구는 6만5천 명 정도에 달한다. 인근에는 엘 비에르소의 수
호성인인 라 엔시나의 성모 바실리카가 있다.

성당 기사단의 성(폰페라다)

[25구간] 폰페라다 – 비야프랑카 델 비에르소(24.2km)

이 구간은 약간의 기복이 있는 코스다. 콜룸브리아노스, 캄
포나라야, 카카벨로스, 발투이예 데 아리바를 거쳐 비야프랑
카 델 비에르소에 다다른다.

도착지 비야프랑카 델 비에르소는 부르비아 강과 발카르세
강이 만나는 지점에 있다. 이 도시는 행정 구역상 레온 주에
속해 있지만 갈리시아어를 사용한다. 얼마 전까지만 해도 갈
리시아 지방에 속해 있었기 때문이다. 오늘날에도 갈리시아
문화가 많이 남아 있다. 12세기 말에 세워진 로마네스크 양식
의 산티아고 교회에는 산티아고 데 콤포스텔라 대성당과 마찬

가지로 용서의 문이 있다. 이 문은 성년에만 열리는데 그 문이 열리는 해에는 건강이 좋지 않아 산티아고 데 콤포스텔라까지 걸을 수 없는 순례자가 이곳에서 대사를 받을 수 있다.

이밖에 산타 마리아 데 클뤼니 교회와 산 니콜라스 교회, 산 후안 교회가 이곳에 있고, 산 프란시스코 수도원을 비롯한 여러 수도원들과 저택들도 있다. 16세기에 돌로 지었다는 성은 정말 웅장하다. 인구는 3천 명이 조금 넘는다.

갈리시아 지방

[26구간] 비야프랑카 델 비에르소 – 오 세브레이로(27.8km)

마침내 갈리시아 지방으로 진입하는 구간이다. 라스 에레리아스에서부터는 가파른 오르막길이 시작된다. 도착지 오 세브레이로는 해발 1,330미터 높이에 있다. 그러니 라스 에레리아스에서 몸과 마음을 잘 가다듬어야 할 것이다.

오 세브레이로는 갈리시아 지방 첫 마을이다. 루고 주에 속해 있다. 갈리시아 지방에 들어섰음을 느끼게 해주는 고대 켈트족의 전통가옥 파요사가 눈에 들어온다. 파요사는 지붕을 밀짚으로 엮은 돌집이다. 오 세브레이로는 빵과 포도주가 그리스도의 살과 피로 변했다는 1300년 무렵의 기적 이야기로 유명하다. 산타 마리아 라 레알 교회에서 일어난 일이다. 전승에 따르면 인근 마을에 후안 산틴이라는 사람이 살고 있었다.

그는 비가 오나 눈이 오나 미사를 거르지 않는 독실한 신자였다. 눈보라가 몰아치던 어느 날 사제는 아무도 미사에 참여하지 않을 것이라고 생각하며 혼자 미사를 드리고 있었다. 그때 추위로 거의 죽게 된 후안 산틴이 나타났다. 그러자 사제는 그를 비웃으면서 "거센 눈보라와 피로를 무릅쓰고 왔네, 그놈의 빵과 포도주 때문에"라고 말했다. 그때 빵과 포도주를 봉헌하고 있던 사제의 믿음 없음과 사랑 없음을 혼내주려고 하나님이 빵과 포도주를 살과 피로 변하게 하는 기적을 행했다. 순례길에서는 이러한 기적 이야기들을 많이 접하게 된다.

갈리시아 전통 가옥 파요사

[27구간] 오 세브레이로 - 트리아카스텔라(20.8km)

앞 구간에 비해서는 덜 힘든 구간이다. 거리도 더 짧은데다 전반부는 길이 그렇게 험하지 않다. 하지만 후반부는 가파른 내리막길이다. 길 오른편에는 오스 앙카레스 산지가 있고 길 왼 편에는 오 코우렐 산지가 있다. 오 코우렐 산에는 유럽에서 제일 오래된 숲이자 생태의 보고인 데베사 다 로게이라가 있다. 밤나무, 떡갈나무, 호랑가시나무, 물푸레나무 등의 나무들로 가득한 계곡에서 불어오는 신선한 바람을 마음껏 들이마실 수 있다.

도착지 트리아카스텔라는 주민이 7백 명가량 되는 소도시이다. 9세기에 건축된 로마네스크 양식의 산티아고 교회가 시내에 있다. 인근의 몬테 간다론에는 네안데르탈인의 유골이 발굴된 선사 시대 동굴(에이로스 동굴)이 있다.

[28구간] 트리아카스텔라 - 사리아(18.4km)

트리아카스텔라에서 사리아로 가는 데는 두 갈래 길이 있다. 상당수의 사람들은 산 실로 가는 길이 원래 길이라고 주장한다. 두 번째 길은 사모스를 거쳐 가는 길이다. 이 길은 아스팔트길이라 다소 불편한 점이 있기는 하지만 도중에 멋진 수도원을 둘러볼 수 있다. 그 기원이 6세기로 거슬러 올라가는 사모스 수도원이 그것이다. 그 이후 여러 차례 보수를 거친 이 수도원은 8세기에 아스투리아스 왕 프루엘라 1세의 소유로 바뀌었다. 그가 암살된 뒤에는 베네딕트회의 수도원이 되었다.

산 훌리안 수도원(사모스)

사리아는 산티아고 데 콤포스텔라에서 110여 킬로미터 떨어진 곳에 위치해 있어서 많은 사람들이 순례 출발지로 삼는 도시이다. 레온 왕 알폰소 9세가 도시를 확장하고 순례를 준비하던 중 1230년에 이곳에서 사망했다. 사리아 후작이 지은 중세 시대의 요새와 12세기에 건립된 막달레나 수도원이 있다. 인구는 1만3천 명 정도다.

[29구간] 사리아 - 포르토마린(22.2km)

이 구간에서는 순례자들이 갑자기 많아졌다는 느낌이 들수 있다. 사리아에서 출발하는 순례자들이 있기 때문이다. 오솔길을 걸으면서 갈리시아 지방의 시골 풍경을 감상할 수 있다. 들판들 사이로 간간이 나타나는 아담한 마을들과 조그만 시내, 오래된 다리들, 고대 로마 시대 교회의 흔적들이 우리를 반긴다.

미뇨 강가에 위치한 포르토마린은 중세 시대에 재건된 로마 시대의 다리 미뇨교를 건너서 마을로 진입한다. 12세기 말과 13세기 초에 건립된 후기 로마네스크 양식의 산 니콜라스 교회가 있다. 인구는 1,500명가량이다.

미뇨교(포르토마린)

[30구간] 포르토마린 - 팔라스 데 레이(24.8km)

이 구간은 구간의 중간 지점까지 가파른 오르막길을 걷게 된다. 아스팔트길이 많으니 발에 문제가 생기지 않도록 조심해야 할 것이다.

체력에 여유가 있다면 포르토마린을 떠나 곤사르에 다다르기 전에 코르타페사스에 잠깐 들러 산타 마리아 교회를 둘러보면 좋겠다. 12세기에 지은 로마네스크 양식의 건축물이다. 귀족 순례자들이 말발굽에 편자를 박던 대장간이 이곳에 있었다.

도착지 팔라스 데 레이는 산티아고 순례자들이 급증하면서 팽창한 도시이지만 최근 들어서는 인구가 감소하고 있다. 과거에는 왕족과 갈리시아 귀족들이 선호하던 곳이었다. 그래서 도시 이름을 팔라스 데 레이, 곧 '왕의 궁궐'로 한 건 아닌지 모르겠다. 인구는 3,400명 정도다.

[31구간] 팔라스 데 레이 - 아르수아(28.5km)

이 구간은 거리가 꽤 길다. 코스가 다소 까다로운 편이어서 중간 지점인 멜리데에서 하루를 묵어가는 것도 고려해볼만 하다. 팔라스 데 레이를 벗어나면서 루고 주를 떠나 산티아고 데 콤포스텔라가 있는 아 코루냐 주로 진입하게 된다.

멜리데는 프랑스 길이 프리미티보 길과 만나는 지점이다. 두 길이 시내 콘벤토 광장에서 합류한다. 멜리데는 또한 오비에도 길과 교차하는 갈리시아의 지리적 요충지이기도 하다. 14세기에 주민과 순례자들을 보호하기 위한 성과 성벽을 이곳 멜리데에 건설했지만 지금은 그 흔적조차 찾아볼 수 없다. 안타깝게도 1467년과 1469년 사이 갈리시아에서 일어난 15세기 유럽 최대의 사회적 반란인 이르만디냐 반란으로 모두 허물어지고 말았다. 12세기 로마네스크 양식의 산타 마리아 데 멜리데 교회를 비롯한 교회와 소성당들이 있다. 이곳에 들르면 꼭 맛을 보아야 하는 요리가 있다. 풀포 아 페이라가 그것이다. 삶은 문어에다 소금과 파프리카 가루, 올리브기름을 치고 감자와 빵을 곁들여 먹는 음식이다. 인구는 7,500명에 달한다.

풀포 아 페이라

도착지 아르수아는 프랑스 길이 북부 내륙길과 만나는 곳이다. 11세기에 산티아고 순례길이 발달하면서 생겨난 도시이다. 이곳에는 아르수아-우요아에서 나는 치즈가 유명하다. 갈리시아 지방의 대표 치즈 가운데 하나다. 인구는 6천 명 정도다.

[32구간] 아르수아 - 오 페드로우소(19.3km)

이제 산티아고 데 콤포스텔라의 오브라도이로 광장까지 40킬로미터 정도를 남겨두고 있다. 일반적으로 오 페드로우소에서 숙박을 하지만 오 페드로우소 근처의 산타 이레네에서 숙박하는 사람들도 있다. 심지어는 다소 무리를 해서 산티아고 데 콤포스텔라 입구에 위치한 몬테 도 고소까지 걸어가 그곳에서 숙박하는 이들도 있다. 이튿날 이른 시간에 산티아고 데 콤포스텔라에 들어가려는 사람들이 그곳에서 마지막 밤을 지낸다. 오 페드로우소는 인구가 3백 명도 되지 않는 작은 마을이다.

[33구간] 오 페드로우소 - 산티아고 데 콤포스텔라(19.4km)

마침내 마지막 구간이다. 거리도 20킬로미터 정도니 발걸음도 가볍다. 라바코야와 몬테 도 고소를 거쳐 산티아고 데 콤포스텔라에 도착하는 여정이다.

라바코야는 『칼릭스투스 서책』에서 '라바멘툴라'로 나온다. 순례자들이 라바코야 강물에 몸을 담그고 목욕재계를 했다고 소개하고 있다. 산티아고를 네 차례나 방문한 17세기 부르고뉴의 성직자 라피는 "산티아고가 가까운 것을 알기 때문에 여기서 심신을 새롭게 하고 옷을 갈아입는다"고 언급했다.

'환희의 언덕'이란 뜻의 몬테 도 고소는 산티아고 데 콤포스텔라 인근에서 제일 높은 언덕이다. 이곳에서 저 멀리 산티아고 데 콤포스텔라를 내려다볼 수 있다. 1982년 성년에 이곳을 찾은 교황 요한 바오로 2세의 방문을 기리는 기념비가 언덕 위에 세워져 있다.

종착지 산티아고 데 콤포스텔라는 사도 성 야고보의 무덤이 발견되었다는 전승으로 그 중요성이 부각된 도시이다. 그후 기독교 세계의 순례 중심지로 발전했다. 갈리시아 지방의 수도이기도 하다. 인구가 10만 명에 조금 못 미친다.

11세기에 알폰소 6세의 지시로 대성당을 건축하기 시작했고, 1118년에 영광의 문을 완성했다. 12세기에는 디에고 헬미레스 대주교가 도시 발전에 박차를 가했다. 클뤼니 수도회와 교황 칼릭스투스 2세가 이를 물심양면으로 지원해주었다.

14세기와 15세기에는 사회적 소요가 발생하여 다소 힘든 시기를 맞이했으나 가톨릭 공동왕이 그런 상황을 종식시키고 이곳에 왕립구호소를 설립했다. 1589년 영국의 침입에 대비하여 숨겨 둔 사도의 유해를 1879년에 다시 찾게 된다.

몬테 도 고소에서 오늘날에는 사라지고 없는 '카미노의 문'을 통해 순례자들이 도시로 진입한다. 이 문을 지나 카사스 레알레스 거리를 따라가면 된다. 도중에 912년에 설립된 산 마르틴 피나리오 수도원과 산 마르틴 교회를 지나게 된다. 좀 더 가다보면 계단을 중심으로 '산 자들의 킨타나'와 '죽은 자들의 킨타나'(공동묘지가 있는 아래 지역) 두 구역으로 나뉘는 킨타나 광장이 나온다. 광장 근처에는 17세기와 18세기에 지어진 거대한 산 파요 데 안테알타레스 수도원이 있다. 왼쪽 왕의 문(푸에르타 레알) 옆에 72미터 높이의 시계탑이 있는데 이 탑을 돌아서 로스 카바요스 분수가 있는 라스 플라테리아스 광장으로 진행하면 1985년에 유네스코 세계유산에 등재된 구시가지가 나온다.

구시가지의 중심 광장인 오브라도이로 광장은 그야말로 장관이다. 오브라도이로는 작업장이란 뜻이다. 대성당을 건축할 때 석공들의 작업장이 이곳에 있었다고 해서 그렇게 부른다. 광장 중앙에는 모든 산티아고 순례길들의 기점이 되는 0킬로미터 지점이 있다. 광장 동쪽에는 대성당과 헬미레스 궁이 있고, 서쪽에는 라호이 궁이 있으며, 북쪽에는 가톨릭 공동왕의 호텔(옛날의 구호소)이 있고, 남쪽에는 오늘날 산티아고 데 콤포스텔라 대학교 총장 공관으로 사용되는 산 헤로니모 학교가 있다. 광장 바닥에는 교황 요한 바오로 2세가 1989년에 대성당을 방문한 내용과 유럽 문화재로 등재된 내용이 새겨져 있다.

광장에서 대성당을 바라보면 76미터 높이의 탑이 좌우에 서 있고 그 사이에 영광의 현관을 지탱하는 구 대성당의 문이 있다. 영광의 현관은 거장 마테오가 1188년에 만든 작품이다. 주랑은 그리스도의 영광을 재현했다. 중앙문의 중앙에 순례자의 지팡이를 잡은 성 야고보가 앉아 있다.

오브라도이로 광장(산티아고 데 콤포스텔라)

산티아고 대성당

대성당은 가로 길이보다 세로 길이가 더 긴 라틴식 십자가 구조를 지니고 있다. 내부에는 3개의 회중석이 있고 회중석 위에는 거대한 돔이 있다. 회중석 옆에는 화염식 고딕 양식의 회랑이 있고 회랑 측면에는 소예배실들이 있다. 오른쪽 회중석 끝 부분에는 성물 소예배실과 왕실 판테온이 있다. 본당에는 다채색으로 된 야고보 성인의 조각상이 있다. 제단 아래 지하예배당에는 성 야고보와 성 테오도미로, 성 아타나시오의 유해를 보존하는 은제 납골함이 있다.

순례자는 사도 성 야고보 동상 앞에 있는 기도대에 무릎을 꿇고 감사 기도를 드린 후에 제단 뒤편의 계단을 올라가 성인의 동상을 뒤에서 끌어안고 소원을 아뢰는 기도를 드린다. 이때 야고보 성인의 가슴에 장식된 조가비를 오른손으로 만지면 좋다는 이야기가 있다. 이것이 순례를 마무리하는 마지막 행위이다.

대성당에서 순례의 마지막 의식을 치르고 나서 잊지 말아야 할 것 한 가지가 있다. 순례자 사무소에 들러 순례자여권을 제출하고 순례증서를 교부받는 일이다.

5개 지방 33개 구간을 걷는 프랑스 길 산티아고 순례는 이렇게 마무리된다. 순례증서를 손에 들고 다시 오브라도이로 광장에 선다. 순례길 0킬로미터 기점에 서서 이제는 다시 인생의 순례를 떠난다.

제3부 이냐시오 순례길

"아브라함은 부르심을 받았을 때에 순종하여
장래의 유업으로 받을 땅에 나아갈 새 갈 바를
알지 못하고 나아갔으며"
(히브리서 11장 8절)

5장 순례자, 이냐시오

요즘 들어 우리는 순례한다는 말을 여러 곳을 돌아다니며 방문한다는 의미로 사용한다. 이를테면 국토를 순례한다고 할 때 우리는 그것을 국토의 여러 곳을 돌아다니며 방문한다는 말로 받아들인다. 하지만 '순례'라는 말은 원래 종교계에서 사용했다. 성지를 찾아 참배하는 것을 순례라고 했고 그렇게 하는 사람을 순례자라고 불렀다. 순례라는 말을 종교계에서는 지금도 이런 의미로 사용하고 있다.

순례라는 말을 어떤 의미로 사용하든 간에 우리는 순례 중인 사람을 순례자라고 부른다. 순례를 시작하여 그것을 마친 사람은 더 이상 순례자가 아닌 것이다. 그런데 일정한 기간이 아니라 평생을 순례자로 산 사람이 있다. 스페인 사람 이냐시오 데 로욜라[3]가 바로 그 사람이다.

---

[3] '이냐시오'의 스페인어 발음은 '익나시오'에 가깝다. 하지만 여기서는 우리 사회에 더 많이 알려진 표기를 사용한다.

성 이냐시오 데 로욜라(프란시스코 고야, 1780년대)

이냐시오는 우리에게 예수회라는 가톨릭교 수도회를 창설한 사람으로 잘 알려져 있다. 요즘 다시 주목을 받고 있는 영성 수련 지침서 『영신수련』을 저술한 사람이기도 하다. 그가 말년에 자신의 일생을 회고하면서 자신을 순례자라고 소개했다. 자신의 정체성을 순례자로 규정한 것이다. 그는 진실로 한평생 순례의 길을 걸은 순례자였다.

우리도 어떤 면에서는 이냐시오와 마찬가지로 순례자들이다. 갈 바를 알든 알지 못하든 우리는 저마다 자신의 인생길을 걸어가는 인생 순례자들이다. 아직 한 번도 겪어보지 않은 미지의 세계에 대한 기대로 마음 설레기도 하지만 무슨 일이 일어날지 알 수 없어 두려워하고 염려하기도 하는 순례자들이다. 내일은 또 어느 길을 어떻게 가야할지 고민하는 나그네들이다.

이런 우리들에게 다른 사람의 순례 이야기는 더할 나위 없이 좋은 길잡이가 될 수 있다. 이냐시오의 순례 이야기도 마찬가지다. 이냐시오의 인생 순례는 로욜라 시절과 예루살렘 순례, 바르셀로나와 파리의 유학시절, 로마 시절로 이어진다. 이제 그가 걸은 인생 순례길을 천천히 따라 가보자.

로욜라 시절

이냐시오는 1491년에 태어났다. 그가 출생한 날은 알 수가 없다. 기록이 없기 때문이다. 하지만 그가 출생한 연도는 미루어 짐작하여 알 수 있다. 그의 묘비명에 그가 65세 수를 누렸다고 기록되어 있기 때문이다. 그가 1556년에 사망했으니 거꾸로 계산해보면 그가 언제 태어났는지 금방 알 수 있다.

이냐시오가 출생할 당시 스페인은 재정복 운동의 막바지에 있었다. 711년에 이슬람교도들이 서고트 왕국을 무너뜨리고 이베리아 반도를 차지했다. 그들에게 쫓겨난 서고트 왕국의 일부 기독교도들이 반도 북쪽의 칸타브리아 산지로 피신했다. 이들이 곧 세력을 규합하여 반격에 나섰다. 이렇게 시작된 재정복 운동은 이슬람 세력을 물리치고 서고트 왕국의 국토를 되찾는 기독교도들의 국토수복 운동이었다. 이 운동은 1492년에 무슬림 최후의 거점인 그라나다의 나스르 왕국을 정복하는 것으로 마무리된다. 그 주역이 바로 카스티야 여왕 이사벨과 아라곤 왕 페르난도였다. 1469년에 결혼하여 부부가 된 이 두 사람은 각각 카스티야 왕국과 아라곤 왕국을 다스리고 있었다. 이들은 이러한 업적으로 교황 알렉산데르 6세로부터 '가톨릭왕'이라는 별칭을 하사받았다.

당시 스페인에서는 종교재판이 맹위를 떨치기 시작했다. 카스티야와 아라곤은 각각 1478년과 1483년에 종교재판소를 설치하고 주요 도시들에서 종교재판을 시행했다. 이때부터 1530년까지 무려 2천여 명을 처형했다. 이냐시오가 태어나던 1491년에는 유대교인 2명과 기독교로 개종한 유대인 6명을 화형으로 처형했고, 이듬해인 1492년에는 유대인들을 아예 국외로 추방해버렸다.

1492년은 또한 이사벨 여왕의 지원을 받은 크리스토퍼 콜럼버스가 아메리카 대륙을 탐험한 해였다. 향후 스페인의 아메리카 식민 지배 역사가 시작되는 탐험들이 이루어지고 있었다.

이냐시오가 태어날 당시 스페인에는 이렇듯 재정복 운동이 종결되고, 종교재판의 일환으로 유대인 추방 조치가 단행되었으며, 아메리카 대륙을 탐험하는 움직임이 전개되고 있었다. 오늘날 우리가 알고 있는 스페인 왕국의 초석을 놓은 이사벨과 페르난도가 이제 막 근대의 문을 열어젖히고 있었다.

이냐시오의 고향 로욜라는 스페인 북부 바스크 지방의 조그만 마을이다. 오늘날 기푸스코아 주의 중심 도시 아스페이티아에 속해 있다. 구겐하임 미술관으로 유명한 도시 빌바오와 휴양지로 이름난 도시 산세바스티안 사이에 있는 마을이다. 배후에는 칸타브리아 산맥이 있고 대서양 바다도 가깝다. 로욜라는 아이츠고리 산에서 발원하여 대서양 연안의 수마야로 흘러들어가는 우롤라 강을 끼고 있다. 봄과 여름에는 초록이 무성하고 가을에는 황금빛 물결이 일렁이며 겨울에는 불그스레한 빛이 감돈다. 마을 주변에는 계절의 변화를 실감할 수 있게 하는 숲이 있고, 밤나무와 너도밤나무와 떡갈나무로 이루어진 숲에서 장작과 버섯과 과일을 거두곤 했다. 한마디로 말해 도시 문명과 동떨어진 세계였다.

이냐시오의 집은 마을에서 조금 떨어진 외딴 곳에 있었다. 탑 모양의 두툼한 돌집이었다. 15세기에 벌어진 귀족 가문들의 파벌싸움에 대비하여 지은 집이었다. 당시 오냐스파와 감보아파가 서로 으르렁거리며 싸웠는데 이냐시오 집안은 오냐스파에 속했다.

이냐시오 생가 입구

이냐시오는 13남매 가운데 막내였다. 그야말로 대가족이었다. 제일 큰 형 마르틴은 이냐시오보다 무려 24살이나 더 많앞다. 그러다보니 어린 이냐시오는 자연히 조카들과 더불어 자라게 되었다.

그는 불행하게도 일찍 부모를 여의었다. 그가 16살 때 부친이 돌아가셨고, 어머니는 그보다 앞서 돌아가셨다. 모친에 대해서는 알려진 바가 별로 없다. 아마도 이냐시오가 어릴 때 돌아가신 것으로 보인다. 어머니의 부재는 유년 시절의 그에게 커다란 영향을 미쳤다. 그가 이따금씩 우울함을 느꼈을 것이라고 추측하는 이들이 있는데 아마도 이런 연유 때문에 그렇게 생각했을 것이다.

이냐시오는 고독을 즐길 줄 아는 사람이었다. 어린 아이를 두고 고독 운운하니 다소 생뚱맞은 이야기로 들릴 수도 있겠다. 하지만 조용하고 한적한 마을 환경과 어머니의 부재, 내성적인 그의 성품을 생각하면 고독을 즐긴 어린이 이냐시오가 조금은 상상이 갈 것이다.

이냐시오는 어린 시절 매우 단조로운 삶을 살았다. 주중에는 읽고 쓰기를 배우고 이따금씩 독서를 했다. 그러면서 특이하게도 대장간을 즐겨 찾았다. 검이나 기사들이 착용하는 가슴보호대를 제작하는 대장간의 광경을 우두커니 서서 바라보곤 했다. 일요일, 곧 주일에는 말쑥한 옷을 차려입고 가족들과 함께 도회지로 나가 그곳 성당에서 미사를 드리고 돌아왔다.

부친이 사망하기 전부터 맏형 마르틴이 집안의 가장 노릇을 했고 형수가 어머니의 빈자리를 메워주었다. 마르틴 부부가 부모를 대신해 이냐시오를 돌보아 주었다.

당시는 귀족의 자제라면 지위 고하를 막론하고 명망 있는 귀부인을 모시고 궁정생활의 예법을 배우던 시절이었다. 귀부인을 모시는 아이를 시동이라고 불렀다. 이냐시오 가족들도 그가 12살이 되기 전에 가능하면 빨리 시동이 되기를 바랐다.

그때 마침 스페인 공주 후아나 부부가 카스티야에 왔다. 이사벨과 페르난도의 둘째 딸인 후아나는 참 비운의 인물이다. 1504년에 어머니 이사벨이 사망하면서 카스티야의 왕위를 물려받았고 1516년에 아버지 페르난도가 돌아가시면서 아라곤과 나바라의 왕위도 물려받았다. 카스티야와 아라곤을 아우르는 통합 스페인의 왕이 된 것이다. 하지만 그녀의 지위가 그럴 뿐이었다. 그녀는 실제로 그것을 누리지 못했다. 생전에 카스티야 왕의 섭정을 노린 아버지 페르난도가 그녀를 바야돌리드에 있는 토르데시야스 성에 감금했다. 그녀의 정신이 온전하지 못하다는 이유에서였다. 페르난도가 사망한 뒤에는 그녀의 아들 카를로스[4]가 그녀를 대신해 스페인을 통치했다. 1509년 나이 서른에 토르데시야스 성에 감금된 후아나는 1555년 사망할 때까지 생의 대부분을 그곳에 갇혀 지냈다. 스페인의 왕이었음에도 불구하고.

후아나는 합스부르크 왕가의 필리프와 결혼했고 플랑드르

---

[4] 1519년에 신성로마제국의 황제가 되는 인물이다. 그는 스페인의 국왕 카를로스 1세이자 신성로마제국의 황제 카를 5세이다.

에서 살았다. 그녀가 1502년에 카스티야로 돌아왔다. 그때 이냐시오가 잠시 그녀의 시동 생활을 했다. 하지만 그 세월이 그리 오래가지는 않았다. 2년 뒤 그녀가 다시 브뤼셀로 떠나버린 것이다. 그때 그녀를 따라갈 수도 있었지만 이냐시오는 그렇게 하지 않았다.

그 무렵 이냐시오의 부친이 사망했고 카스티야 재무관 후안 벨라스케스 데 쿠에야르의 부인 마리아 데 벨라스코가 시동으로 쓸 아이를 한 명 보내달라고 로욜라 가문에 부탁했다. 마리아 데 벨라스코는 로욜라 가문의 친척이었다. 그녀의 부탁을 받은 로욜라 가문은 이냐시오를 그녀에게 보내기로 했다.

아레발로 시절

이냐시오는 이제 초록이 무성한 고향 로욜라를 떠나 카스티야 고원의 중심지인 아레발로로 가게 되었다. 그는 당시 카스티야 왕국의 중앙 무대였던 아레발로에서 1507년에서 1518년까지 11년간 궁정생활을 하게 되었다. 이제 잘만 하면 카스티야 궁정으로 진출할 길이 열릴 수도 있었다.

벨라스케스는 이냐시오를 친자식처럼 돌보아주었다. 공교롭게도 벨라스케스의 집에서도 이냐시오가 13번째 자녀가 되었다. 여러 아이들과 부대끼는 가운데 이냐시오는 필시 생활에 많은 어려움을 느꼈을 것이다. 벨라스케스의 부인 마리아

데 벨라스코가 그런 이냐시오의 처지를 잘 이해해주었고 그를
따뜻하게 보살펴주었다.

이냐시오는 벨라스케스의 저택에 머물면서 장래에 대한 고
민 없이 즐겁게 청소년기를 보냈다. 벨라스케스가 소장한 책
들을 읽으며 교양을 갖추어나갔고, 기사에게 필요한 검술도
배웠다. 그는 훗날 "명예욕에 사로잡혀 세상의 허영을 좇아
무술을 즐겼다"고 당시를 회고했다. 페르난도 왕의 왕궁에 들
러 장차 신성로마제국의 페르디난트 1세가 되는 후아나의 아
들[5]을 돌보는 영광을 누리기도 했다.

하지만 안정된 생활이 언제까지나 지속되지는 않았다. 1516
년에는 페르난도 왕이 사망했고 그 이듬해에는 그를 보호해주
던 벨라스케스마저 사망했다. 사정이 이렇게 되자 벨라스케스
의 부인 마리아 데 벨라스코는 이냐시오를 위해 새로운 후견
인을 물색해야 했다. 이미 20대 중반이 된 이냐시오에게 후견
인이 왜 필요한지, 그것도 자신이 직접 찾지 않고 왜 다른 사
람이 찾아주는지, 요즘 우리의 시각으로는 잘 이해가 되지 않
는다. 그저 당시의 풍습이 그랬으려니 하고 생각할 수밖에 없
다. 아무튼 마리아 데 벨라스코는 로욜라 가문의 친척들 가운
데서 이냐시오의 새로운 후견인을 찾아냈다. 그는 다름 아닌
나헤라 공작 안토니오 만리케 데 라라였다. 나헤라는 오늘날

---

[5] 후아나의 둘째 아들이다.

라 리오하 지방에 속한 도시이다. 나헤라 공작이 1516년부터 국왕을 대신해 나바라 지방을 다스리고 있었다.

피레네 산맥 서부 지역에 위치한 나바라는 얼마 전까지만 해도 독립 왕국이었다. 9세기에 건설된 팜플로나 왕국을 이어 받았다. 그때부터 팜플로나가 나바라의 중심 도시가 되었다. 나바라 왕국은 15세기 들어 내분에 시달렸다. 그 기회를 틈타 가톨릭왕 페르난도가 팜플로나를 점령하고 나바라를 카스티야 왕국에 병합했다. 하지만 나바라 국왕 후안 데 알브렛은 이에 순순히 굴복하지 않았고 프랑스를 끌어들여 왕국 회복을 도모했다.

한편 장차 신성로마제국의 카를 5세가 되는 카를로스가 조부 페르난도의 뒤를 이어 스페인 왕위에 오르고 나바라 왕을 자처했다. 그리고 나바라를 다스리는 총독으로 나헤라 공작을 임명했다. 이 사람이 바로 마리아 데 벨라스코가 찾은 이냐시오의 후견인이었다. 남편이 죽자 더 이상 그를 돌볼 처지가 못 된 마리아 데 벨라스코는 상당한 금액에 해당하는 금화 500두카트와 말 두 필을 이냐시오에게 주고 잘 돌봐달라는 추천서까지 써주었다. 이냐시오는 이제 이른바 스페인의 수도권 생활을 접고 다시 고향 근처로 돌아가게 되었다. 아마도 그는 이루 말할 수 없는 아쉬움을 느꼈을 것이다. 바야돌리드와 마드리드, 부르고스, 살라망카, 바르셀로나, 세비야 등지를 돌아다니면서 키웠던 꿈들이 팜플로나로 가는 그의 뇌리에 주마등처럼 떠올랐을 것이다.

팜플로나 시절

이제 그는 팜플로나의 나헤라 공작 저택에서 새로운 생활을 시작했다. 팜플로나는 아레발로가 아니었다. 국왕이 방문하는 일도 없었고, 이렇다 할 축제도 없었으며, 아메리카에서 들어오는 소식도 없었다. 하지만 부귀영화를 누리려는 이냐시오의 세속적 욕망은 사그라지지 않았다. 그의 관심은 오락과 여자와 무기에 있었다. 그는 당시 한편으로는 침착하고 애정이 많으며 쾌활했지만, 다른 한편으로는 육체적 욕망에 사로잡혀 여성들과 사랑을 나누며 자유분방하게 살았다. 심지어 당시 그에게 사생아가 생겼다고 추측하는 이들마저 있을 정도다. 그는 가톨릭 신자이기는 했지만 "신앙의 계율을 따라 살지 않고 죄를 자제하지 않았다."

이냐시오가 언제 기사서임을 받았는지 확실하지는 않지만 팜플로나에서는 방탄조끼와 쇠비늘 갑옷을 걸치고, 검과 단검과 활을 착용했다. 여느 기사들과 마찬가지로 위험한 전투에 참전하고 싶은 모험심이 그에게 가득했다. 그런 그에게 기회가 다가왔다.

성 이냐시오 초상(작자미상, 16세기)

　폐위된 나바라 국왕의 아들 엔리케 알브렛이 왕국의 독립을 주장하기 시작했고 프랑스의 프랑수아 1세가 그를 지원하고 나섰다. 이 무렵 이들에게 매우 유리한 상황이 조성되었다.

1516년에 스페인 국왕이 된 카를로스 1세에 대한 도시민들의 불만이 갈수록 거세졌다. 오늘날 벨기에와 네덜란드, 프랑스에 걸쳐 있던 지역을 당시에 플랑드르 지방이라고 불렀는데 그곳에서 나고 자란 카를로스 1세는 스페인의 정세와 물정에 어두웠을 뿐만 아니라 스페인어조차 잘하지 못했다. 그런 그가 바야돌리드 궁정에 모습을 드러내자 스페인 사람들이 그가 과연 제대로 국정을 수행할 수 있을지 그에게 의심의 눈초리를 보내기 시작했다. 하지만 그것도 잠시였다. 1520년에 카를로스 1세는 다시 플랑드르로 훌쩍 떠나버렸다. 그러자 카스티야의 일부 도시민들이 불만을 터뜨렸고 주요 도시들에서 반란을 일으켰다. 반란을 일으킨 자치도시는 통치자의 권위는 물론이고 평의회의 권위도 인정하지 않았다. 왕의 권위가 손상을 입게 되었다. 중간 입장에 있던 귀족들은 군주와 도시 주민들 사이에서 이중 플레이를 했다. 나바라의 사정도 마찬가지였다. 이런 상황이 프랑스의 프랑수아 1세에게는 물론이고 나바라 왕국의 독립과 왕권 회복을 바라는 상당수의 나바라인들에게는 더할 나위 없이 좋은 기회였다.

1521년 5월 12일 앙드레 드 푸아 백작이 이끄는 프랑스 군 1만2천 명이 대포 26문을 앞세우고 이동했다. 그들은 5월 15일에 생장 피에 드 포르를 점령했다. 오늘날에는 프랑스 땅인 생장 피에 드 포르가 당시에는 나바라의 요새였다. 이튿날에는 팜플로나 외곽 3킬로미터 지점까지 접근했다. 산악 지대에서는 바스크인 수천 명이 나바라의 독립을 도모하는 엔리케 왕자를 지원했고 다른 도시들에서도 마찬가지였다. 당시 팜플로나에는 이렇다 할 방어부대가 없었다. 나헤라 공작이 증원군을 요청하러 나간 상황이어서 팜플로나 시내에는 일부 노병들 무리밖에 없었다. 적군과 대치하여 싸울 정부군 병력이 거의 남아 있지 않았다. 반면에 팜플로나를 정복하러 온 점령군 부대의 기세는 등등했다.

상황이 이렇게 되자 도시민들이 가세했다. 그들은 나헤라 공작의 집을 포위하고 스페인 문장을 철거했으며, 급기야는 광장을 지키는 일부 군인들과 대치했다. 그쯤 되자 도시를 방어한다는 게 사실상 무의미해졌다. 노병들은 구태여 그렇게 하고 싶어 하지도 않았다. 팜플로나평의회도 무모한 전투를 피하고자 했다.

이때 이냐시오의 형 마르틴이 증원군을 이끌고 팜플로나에 도착했다. 로욜라 형제들은 이렇듯 절망적인 상황에서도 뭔가를 해보려고 애를 썼다. 시에 부대 지휘권을 요구했지만 거절당했다. 그렇게 되자 마르틴은 도심 진입 작전을 포기하고 부대를 철수했다.

하지만 이냐시오의 생각은 형의 그것과 달랐다. 부대를 철수한 데 대한 부끄러움을 참지 못한 그는 형과 작별하고 말을 달려 팜플로나로 질주해 들어갔다. 그를 따라나선 이들은 고작 기사들 몇 명뿐이었다. 그들은 그렇게 루비콘 강을 건넜다.

스페인 철학자 미겔 데 우나무노는 당시의 이냐시오를 무모하게 도전하는 돈키호테에 비유했다. 팜플로나 수비가 불가능한 상황에서 그야말로 무모한 도전을 감행했기 때문이다. 우나무노는 이것이 이냐시오의 생애에서 찾아볼 수 있는 매우 아름다운 광기들 가운데 하나라고 덧붙였다.

하지만 팜플로나평의회는 이냐시오의 결기에도 아랑곳하지 않고 프랑스 군 진영에 사자를 보내 항복하겠다는 의사를 전달했다. 그리고 그들에게 도시의 열쇠를 넘겨주었다. 오순절 축제일에 벌어진 일이었다. 그 결과 프랑스 군과 나바라 독립군이 각각 자신들의 깃발을 내걸고 의기양양하게 팜플로나에 입성했다. 앙드레 드 푸아 백작은 팜플로나 시의 마지막 보루인 성채의 항복을 받아내려고 성의 책임자들과 항복을 위한 협상을 벌였다. 이때 이냐시오도 성주를 대표로 한 성채 측 협상단에 참여했다. 목숨을 부지하려면 성을 포기하라는 푸아 백작의 무모한 요구에 수치스러움을 참다못한 이냐시오는 강화 협정을 반대하고 성으로 돌아갔다. 죽음을 각오한 그는 동료 전우에게 자신의 죄를 고백하는 고해를 했다. 가톨릭교의 7성사 가운데 하나인 고해성사는 본래 사제에게 해야 한다. 하지만 그런 걸 따질 처지가 아니었다. 그리고 나서 그는 전투에 돌입했다.

이냐시오는 결국 적군이 쏜 포탄을 맞았고 다리에 부상을 입었다. 약속을 어기고 대포를 이동시킨 프랑스 군이 포위된

자들을 향해 발포했고 발포가 무려 6시간 이상이나 지속되었다. 이냐시오는 어이없게도 성벽을 맞고 튕겨 나온 포탄에 오른쪽 다리를 다쳤다. 왼쪽 다리도 튕겨 나온 돌에 부상을 입었다. 1521년 5월 20일, 그의 나이 서른 살에 벌어진 일이었다. 그가 부상을 당하고 몇 시간도 지나지 않아 팜플로나 성은 항복했다.

이냐시오는 응급처치를 받고 성에서 여러 날을 지냈다. 강화 협정이 체결될 때까지 3일간 피정복민들은 성 밖으로 나갈 수 없었다. 그런데 성에 진입한 프랑스 군이 부상자들을 그런대로 잘 돌봐주었다. 특히 이냐시오의 용기에 감탄한 푸아 백작은 그를 데려다가 잘 치료해주라고 지시했다.

이냐시오는 다행히 적군의 배려로 들것에 실려 고향 로욜라에 도착했다. 형 마르틴은 이냐시오의 몰골을 보고 화가 치민 나머지 왜 그런 광기를 부렸냐며 꾸짖었다. 하지만 형수 막달레나는 아무 말도 하지 않고 묵묵히 그를 간호했다.

이냐시오의 오른쪽 다리가 갈수록 악화되었다. 예나 지금이나 수술 후에 주의해야 할 것이 있는데 감염과 잘못된 봉합이 그것이다. 감염 때문인지는 확실하지 않으나 이냐시오의 건강이 더욱 악화되었고 음식도 먹을 수 없게 되었다. 용하다는 의사들을 수소문해보았지만 모두 허사였다. 의사들은 별다른 기대를 보이지 않았다. 이냐시오는 이제 죽을 고비에 놓였다. 의사들은 그에게 세례 요한의 축일인 6월 24일에 병자성사를 받으라고 권유했다. 병자성사는 죽음을 앞두고 영혼을 하나님께 맡기는 마지막 성사였다.

회심

이냐시오의 나이 이제 서른 살. 그는 자신의 인생을 돌아보지 않을 수 없었다. 세상의 허영을 좇아온 지난 시절이 주마등처럼 스쳐지나갔다. 부귀영화를 누리려는 욕망으로 고향을 떠나 타지에서 궁중 예법을 익히고 무술 연마에 몰두해왔다. 오락과 여자와 싸움을 즐겨왔다. 그것이 특별히 잘못된 것이라는 생각이 들지는 않았다. 당시에는 누구나 예외 없이 그렇게 했기 때문이다. 하지만 결국은 이렇게 죽고 만다는 생각에 그는 이루 말할 수 없는 회한에 잠겼다.

그러던 어느 날 그의 기력이 갑자기 회복되기 시작했다. 죽을 고비를 넘기게 된 것이다. 그리고 며칠이 더 지나니 살만해졌다. 그때 이상한 것이 그의 눈에 들어왔다. 오른쪽 무릎 아래에 뼈가 튀어나와 있었다. 뼈가 잘못 봉합된 것이다. 그때 문득 이래가지고 군화나 제대로 신을 수 있을까 하는 생각이 스쳐지나갔고 불안감이 엄습해왔다. 기사가 될 수 없을지 모른다는 생각에 눈앞이 캄캄해졌다. 게다가 보기에도 흉측했다. 이에 그는 의사에게 부탁했다. 튀어나온 뼈를 톱으로 자르고 짧은 다리는 잡아당겨서 늘여달라고. 그렇게 해서 두 번째 수술을 받았다. 이번에는 마취를 하지 않았다. 마취를 하지 않고 진행한 수술은 그야말로 고통 그 자체였다. 불행하게도 그 결과는 별로 좋지 않았다. 결국 걸을 때마다 다리를 절뚝거릴 수밖에 없게 되었다.

수술 후 회복기가 생각보다 길었다. 1521년 8월에서 이듬해 2월까지 대부분의 시간을 침대에서 보냈다. 좀이 쑤신 그는 읽을 책을 부탁했다. 요즘에야 시간을 보낼 소일거리가 부지기수지만 당시만 해도 특별한 게 없었다. 불행인지 다행인지 로욜라 집안에는 당시 구하기 쉬운 기사문학 책들은 없었고 『성인열전』과 『그리스도의 생애』만 있었다.

『성인열전』은 책 제목에서 알 수 있다시피 성인들의 이야기를 담고 있다. 이를테면 성 프란체스코와 성 도미니쿠스, 성 아우구스티누스와 같은 성인들의 이야기가 실려 있다. 그 가운데서 특히 세상의 부귀영화를 추구하다가 병으로 죽을 고비를 넘기고 주님의 종이자 하나님의 기사로 살게 된 성 프란체스코의 이야기가 병상에 누워있던 이냐시오에게 더욱 실감나게 다가왔다. 『그리스도의 생애』는 요즘 말로 하면 전문 신학 서적에 가깝다. 인간은 하나님께서 그리스도의 탄생과 십자가를 통해 베푸신 죄의 용서를 받아들여야 할 죄인이며 그리스도를 본받아야 할 존재라는 점이 설명되어 있다. 인간은 자신의 죄를 참회하고 그리스도께로 나아가야 하는 존재라는 것이다. 이 책의 저자 루돌프 폰 작센은 카르투시오 수도회의 영적 전통을 따라서 그리스도의 생애를 단순히 읽기만 하는 것이 아니라 그것을 '묵상하고 기도하도록' 독자들을 안내했다.

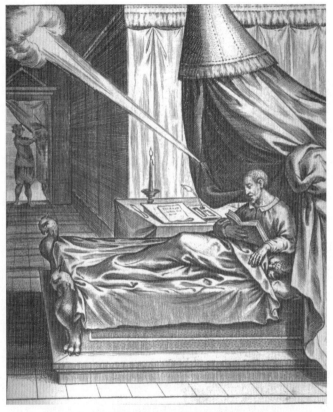

수술 후 회복 중에 책을 읽는 이냐시오(루벤스, 17세기)

이 책들을 찬찬히 읽던 이냐시오는 자신의 삶을 되돌아보기 시작했다. 그동안 좋은 일자리와 보수를 바라며 고생을 참아왔건만 과연 얻은 것이 무엇인가? 언젠가는 근사한 성채를 보유하게 되리라 기대하며 달려왔건만 지금 남아 있는 것은 무엇인가? 지난 30년의 인생은 실패하고 만 것인가? 그가 얻은 것은 오직 한 가지였다. 그것은 명예였다. 그밖에 다른 것은 없었다.

성인들의 이야기와 그리스도의 생애를 떠올려보았다. 그때 갑자기 마음이 뜨거워지기 시작했다. 마음 깊은 곳에서 형언할 수 없는 설렘과 기쁨이 솟아나왔다. 창문으로 들어오는 가을빛과 계절의 변화가 예사롭지 않았다. 들에서 들려오는 가축들의 소리와 교회의 종소리가 새롭게 다가왔다.

나는 누구인가, 라는 질문을 거듭한 이냐시오는 개인과 가문의 헛된 체면을 벗어던졌다. 세상의 기사를 포기하고 그리스도를 따르는 군사가 되기로 결심했다. 귀부인을 모시는 기사의 삶을 버리고 성인들과 마찬가지로 그리스도를 모시는 군사의 삶을 살기로 다짐했다. 그러고 나니 그의 내면에 자유와 평화가 흘러넘쳤다. 그에게 일어난 이 변화는 가족들이 알아챌 정도였다. 가족들은 그의 변화에 의아함과 당혹감을 감추지 못했다.

그는 읽은 책을 다시 읽기 시작했다. 이번에는 중요한 내용들을 공책에 정리하면서 읽었다. 그리스도에 관한 것들은 빨간색으로 기록하고 성모 마리아에 관한 것은 파란색으로 정리했다. 중요한 대목에는 밑줄도 그었다. 그렇게 정리한 내용이 무려 3백 페이지에 달했다. 이때 정리한 내용들 가운데 일부가 나중에 그가 집필하는 『영신수련』에도 등장한다.

잠이 들지 않아 뒤척이던 어느 날 밤에 그는 아기 예수를 안고 있는 성모 마리아를 묵상하게 되었다. 그때 한없는 위로를 느낀 그는 우선 예루살렘을 방문하기로 마음을 먹었다. 몸소 참회의 순례를 해야겠다고 생각한 것이다. 당시 로욜라에는 예루살렘 순례에 관한 이야기와 더불어 스페인 국왕의 예루살렘 정복설이 나돌고 있었다. 이 정복설은 머지않아 스페인 국왕이 이슬람 치하에 있는 예루살렘을 정복하고 성지를 회복하게 될 것이라는 일종의 메시아주의 같은 것이었다. 하지만 이냐시오의 관심은 그런데 있지 않았다. 그의 마음은 오직 참회에 있었다. 예수가 활동한 곳들과 구원의 무대를 돌아보는 데 관심이 있었다.

예루살렘 순례

이냐시오의 마음은 확고했고 자유로웠다. 하지만 가족들이 마음에 걸렸다. 특히 형 마르틴의 만류가 부담으로 다가왔다. 이냐시오는 가족들 사이에 분란을 일으키지 않고 집을 나설 구실을 찾았다. 그가 찾은 구실은 다름 아니라 후견인으로 모시고 있는 나헤라 공작을 방문하겠다는 것이었다. 치료를 위해 신경 써줘서 고맙다는 인사를 드리러 공작의 저택에 들르겠다는데 누가 마다하겠는가. 이냐시오는 공작의 저택에 머물 요량을 하고 짐을 쌌다.

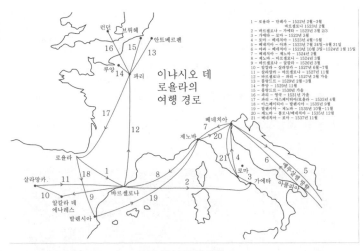

1 - 로욜라 ~ 만레사 - 1522년 2월~3월
　　　　바르셀로나 1523년 2월
2 - 바르셀로나 ~ 가에타 - 1523년 3월 2/3
3 - 가에타 ~ 로마 - 1523년 3월
4 - 로마 ~ 베네치아 - 1523년 4월~5월
5 - 베네치아 ~ 야파 - 1523년 7월 24일~8월 31일
6 - 야파 ~ 베네치아 - 1523년 10월 3일~1524년 1월 15일
7 - 베네치아 ~ 제노바 - 1524년 2월
8 - 제노바 ~ 바르셀로나 - 1524년 3월
9 - 바르셀로나 ~ 알칼라 - 1526년 3월
10 - 알칼라 ~ 살라망카 ~ 1527년 6월~7월
11 - 살라망카 ~ 바르셀로나 ~ 1527년 가을
12 - 바르셀로나 ~ 파리 ~ 1527년 2월 가을
13 - 플랑드르 ~ 1529년 2월~3월
14 - 루앙 ~ 1529년 11월
15 - 플랑드르 ~ 1530년 가을
16 - 파리 ~ 영국 ~ 1531년 가을
17 - 파리 ~ 아즈페이티아/로욜라 ~ 1535년 4월
18 - 아즈페이티아 ~ 발렌시아 ~ 1535년 9월
19 - 발렌시아 ~ 제노바 ~ 1535년 10월~11월
20 - 제노바 ~ 볼로냐/베네치아 ~ 1535년 12월
21 - 베네치아 ~ 로마 ~ 1537년 11월

이냐시오 데
로욜라의
여행 경로

성 이냐시오의 여행

그가 로욜라를 떠난 때는 1522년 3월이었다. 기사 복장을 하고 검과 단검 같은 개인 무장도 갖추었다. 기도서와 문방구, 3백 페이지짜리 공책 등을 자루에 집어넣고 그 자루를 노새에 실었다. 작은형 페드로와 하인 2명이 그와 동행했다. 예루살렘을 염두에 두고 집을 나섰지만 일차적으로 나바레테에 있는 공작의 저택에 들를 생각이었다. 가족들에게 진실을 다 털어놓지는 않았지만 그렇다고 그들을 속인 것도 아니었다.

이냐시오는 나바레테로 가는 길에 오늘날 오냐티에 위치한 아란차수의 예배당에 들러 정결 서원을 했다. 정결 서원은 청빈 서원, 순명 서원과 더불어 수도자가 하나님께 자신을 드리겠다고 다짐하는 3대 종신서원 가운데 하나다. 하나님 나라를 위해 독신으로 살겠다는 정결 서원은 하나님을 향한 적극적 사랑의 표현이다. 그는 이 정결 서원을 하면서 그 누구에게도, 그 어느 것에도 마음이 흔들리지 않기를 바랐을 것이다. 그러고는 동행자들과 작별했다. 하인들에게는 몬세랏까지 참회의 순례를 할 것이라고 몰래 귀띔해주었다.

오늘날의 아란차수

이냐시오는 다음 목적지인 몬세랏으로 출발했다. 몬세랏은 당시 순례자들 사이에 잘 알려진 곳으로 베네딕트 수도원이 그곳에 있었다. 그는 마치 돈키호테처럼 혼자 노새를 타고 몬세랏으로 향했다. 도중에 로그로뇨, 투델라, 알라곤, 사라고사, 프라가, 예이다, 세르베라, 이괄라다를 거쳐 갔다.

예이다에서 그가 무어인과 나눈 대화는 유명하다. 길을 가다가 노새를 타고 가는 무어인 신사를 우연히 만나 그와 대화를 나누게 되었다. 대화가 성모 마리아에 대한 이야기로 이어지자 그 신사가 성모 마리아에 대해 깊은 관심을 보였다. 하지만 이야기가 남자와 잠을 자지 않은 동정녀가 수태를 했다는 대목에 이르자 그는 고개를 가로저었다. 그럴 리가 없다는 반응이었다. 그러고는 서둘러 길을 떠나버렸다.

그가 사라진 곳을 바라보며 이냐시오는 한동안 생각에 잠겼다. 무어인이 남기고 간 마지막 말과 태도가 마음에 몹시 거슬렸다. 생각할수록 분노가 치밀어 올랐다. 즉시 그 무어인을 뒤좇았다. 그를 가만 두지 않을 생각이었다. 그런데 갑자기 길이 두 갈래로 나뉘었고 무어인은 온데간데없었다. 그가 어느 길로 갔는지 알 수 없게 되었다. 잠시 머뭇거리던 이냐시오는 노새의 고삐를 풀었다. 노새가 가는 길을 따라 갈 참이었다. 노새는 잠시 두리번거리더니 무어인이 가지 않은 길로 접어들었다. 그 결과 무어인 신사는 다행스럽게도 화를 면하게 되었다.

이괄라다에 들른 이냐시오는 그곳에서 순례자 복장을 마련했다. 발까지 닿는 긴 마대옷과 함께 순례자의 필수품인 지팡이와 조롱박을 구입하고 샌들도 장만했다. 그러면서 예루살렘을 순례하기로 다시금 마음을 가다듬었다. 사실 스페인 남부의 세비야로 가서 그곳에 있는 카르투하 수도원[6]에 들어가야겠다고 생각한 적도 있었다. 하지만 이제 그 생각을 접고 예루살렘으로 가기로 확정했다.

그가 몬세랏에 도착한 때는 3월 21일 아침이었다. 몬세랏은 바르셀로나 북서쪽에 있는 해발 720미터 고지의 산이다. 그곳에 몬세랏 수도원이 있다. 베네딕트 수도회 소속 수도원이다. 그는 먼저 성당에 들어가 기도를 했다. 그리고 자신의 죄를 고해할 사제를 찾았다. 가톨릭 종교에는 죄를 뉘우친 사람이 하나님의 대리자인 사제에게 죄를 고백하고 용서를 받는 제도가 있다. 이른바 7성사 가운데 하나다. 당시 그의 고해를 받아 준 사제는 베네딕트회 수사 장 샤농이었다. 이냐시오는 그에게 무려 3일간 고해를 했고 서면으로 했다. 그는 태어나서부터 그때까지 지은 죄를 모두 고백하는 총고해를 했다. 그동안의 방탕한 생활을 떠올리며 회개의 눈물을 흘렸다.

---

[6] 카르투시오 수도회 소속 수도원이다. 카르투시오를 스페인어로 '카르투하'라고 한다.

몬세랏 수도원

3월 24일 밤에는 지니고 있던 검과 단검을 갈색 성모의 제단에 걸어두고 철야를 했다. 무릎을 꿇거나 서서 밤새 성모를 지켰다. 이것은 중세 시대에 봉신이 기사 서임을 받기 전날 행하던 풍습이었다. 그는 아마도 그리스도의 군사가 되기를 바라면서 그렇게 했을 것이다. 그리고 자신이 입고 온 기사 복장을 가난한 자에게 주고 이괄라다에서 구입한 순례자 복장으로 갈아입었다. 순례자 복장을 하게 되면 좋은 점이 있었다. 구호 시설에서 숙박이 가능하고 동냥도 할 수 있으며 신변의 안전도 보장받을 수 있었다.

25일 새벽에 이냐시오는 순례자 복장을 하고 길을 나섰다.

이냐시오는 몬세랏에서 기사로 죽고 그리스도의 군사로 다시 태어났다. 그는 아마도 몬세랏을 거룩한 산으로 기억했을 것이다.

몬세랏을 내려온 그는 곧장 바르셀로나로 가지 않고 몬세랏 북쪽에 위치한 만레사로 향했다. 그곳에서 며칠 묵다가 바르셀로나로 갈 생각이었다. 그런데 그 며칠이 11개월이 되었다. 그는 이곳에서 새로운 사람으로 태어났고 완전히 새로운 인생을 살기 시작했다. 만레사는 그의 삶의 방향을 바꿔놓은 이정표가 된 곳이었다. 『영신수련』의 초고가 탄생된 곳도 이곳이었고 예수회 창설의 싹이 튼 곳도 이곳이었다.

만레사는 이냐시오에게 학교와 같은 곳이었다. 만레사는 이냐시오를 새로운 사람으로 빚어낸 하나님의 학교였다. 이냐시오는 이곳에서 영적인 위로와 평화, 내면의 갈등과 고통을 체험했고, 황홀한 영적 깨달음을 얻었다. 이냐시오는 마치 선생님께 배우는 어린아이마냥 하나님께 배웠다.

이냐시오가 만레사에 들어설 때 그의 행색은 영락없는 순례자의 모습이었다. 맨발에다 발까지 닿는 긴 마대옷을 걸치고 손에는 지팡이를 들었다. 등에는 종이와 문방구, 공책 등을 넣은 배낭을 메고 있었다. 그때 한 무리의 여성들과 마주치게 됐다. 그들은 이네스 파스쿠알, 헤로니마 클라베르, 이네스 클라베르, 미카엘라 카니예스, 앙헬라 아미간트, 브리안다 데 파케라였다. 이냐시오가 숙소를 찾는 데 도움을 주고 필요할 때마다 그를 간호해주게 될 여성들이었다. 그들은 곧 그를 따르는 제자가 되었다.

이냐시오는 처음에 산타 루시아 구호소에 머물다가 도미니크 수도원에 거주하기도 했고 이따금씩 개인 가정집에도 머물렀다. 그냥 바닥에서 쪽잠을 잘 때도 있었다.

이 시기에 이냐시오는 매일 참회를 했다. 매일 성대한 미사를 드리고 그리스도의 수난 이야기를 읽었다. 오후에는 노래 미사에 참여하고 작은 예배당이나 교회나 동굴에서 여러 시간을 기도했다. 매주 고해를 하고 성체를 받았다. 구호소를 방문하여 환자들의 몸을 씻어주기도 했다.

그는 매일 동냥을 했고 이따금씩 혹독한 금식으로 몸을 괴롭게 했다. 고기와 포도주는 입에 대지 않았다. 다만 주일에는 금식하지 않고 포도주가 있으면 조금 마셨다. 머리를 깎지 않고 손톱과 발톱도 정리하지 않았다. 그렇게 생활하다 보니 만레사에 들어갈 때 불그스레했던 젊은이의 얼굴이 금세 수척해졌다. 동네 아이들이 '자루를 뒤집어 쓴 사람'이라는 별명을 붙여줄 정도였다.

그는 말주변이 없었다. 그래도 길거리에서 아이들과 이야기를 나누었고 이야기를 듣고 싶어 하는 어른들을 피하지 않았다. 그가 만나는 사람들에게 전한 이야기는 간단했다. 죄를 범하지 말라, 양심을 돌아보라, 매주 고해를 하고 성체를 받으라는 이야기였다. 그런데 그의 말은 설득력이 있었다. 그의 조언을 들은 상당수 주민들의 삶에 변화가 나타나기 시작했다.

그에게 다가가는 사람들이 많지는 않았지만 그들 가운데서 신실한 추종자들이 생겨나기 시작했다. 언제나 그렇듯이 관심을 보인 이들은 대개 여성들이었다. 구호소에서 환자를 돌보고 집집마다 돌아다니며 동냥한 음식을 빈민과 고아들에게 나누어주는 이냐시오의 선행에 감동을 받은 이 여성들은 그의 설교와 조언들을 귀담아 들었다. 그들은 대개 기혼자이거나 과부가 된 여인들이었다.

그러던 어느 날 이냐시오는 매우 새롭고 특별한 영적 체험을 하게 됐다. 만레사에서 1.5킬로미터 정도 떨어진 작은 예배당에 기도하러 가던 참이었다. 도시를 가로지르는 카르데네르 강을 따라 걷다가 뭔가 느낌이 있어서 잠시 앉아서 강을 바라보았다. 그때 문득 이성의 눈이 열리기 시작했다. '식별'이라고 번역할 수도 있는 '분별'의 눈이 열리면서 영적인 것뿐만 아니라 신앙과 이성에 관한 많은 것들이 순식간에 이해되었다. 모든 것이 새롭게 보이기 시작했다. 아니 모든 것을 새로운 눈으로 바라보기 시작했다. 모든 것을 하나님 안에서 바라보게 되었다. 이냐시오는 자신이 새로운 지성을 지닌 새로운 사람이 되었다는 느낌을 갖게 되었다. 이것이 이른바 카르데네르 강의 영적 조명 사건이다.

카르데네르 강의 영적 조명(루벤스, 17세기)

이 카르데네르 강의 체험은 아마도 성령 체험과 같은 것이 아닐까 싶다. 그것도 좁은 의미의 성령 체험이 아니라 넓은 의미의 성령 체험 말이다. 이 체험을 통해 그는 종전과는 다른 영혼으로 사물을 파악하는, 곧 새로운 지성을 지닌 새로운 사람이 되었다. 이 체험으로 사람과 사물을 바라보는 그의 방식이 새로워졌다.

카르데네르 강의 체험은 이냐시오에게 사도 의식을 갖게 해주었다. 금욕적 고행을 중요시해온 그가 이제는 영혼들을 돕는 사도적 활동이 그리스도를 본받는 일이요 하나님을 기쁘시게 하는 길임을 깨닫게 되었다. 그래서 극단적인 금욕을 중단하고 손톱과 발톱을 깎았다. 봉쇄 수도회인 카르투시오 수도회에 입회하려던 꿈도 완전히 접었다. 그를 추종하는 사람들이 예수회의 공식 기원을 카르데네르 강의 조명에서 찾는 이유가 여기에 있다.

이냐시오는 자신이 경험한 영적 체험을 소홀히 하지 않았다. 다른 사람들을 위해서 그것을 공책에 잘 정리했다. 이것이 불후의 명저가 되는 『영신수련』의 초고가 된다. 그 핵심은 만레사에서 집필했지만 일부 내용은 나중에 추가했고 1548년에 교황의 최종 승인을 받을 때까지 끊임없이 첨삭했다. 순례를 시작할 당시 성 프란체스코와 성 도밍고 데 구스만 같은 영적 거장들을 떠올리며 "그들은 되는데 나는 왜 안 되지?"라고 자문한 적이 있던 이냐시오가 이번에는 "나는 되는데 다른 사람들은 왜 안 되지?"라는 생각을 하게 됐다. 이 책은 이런 생각에서 비롯되었다. 영성 수련을 위한 '지도'라고 볼 수 있는 이책에 이냐시오가 경험한 체험들이 체계적으로 잘 정리되어 있다. 독일 신학자 하인리히 뵈머는 이 책을 '인류 역사에 획을 그은 책들'의 반열에 올려놓았고, 교황 피오 11세는 '영혼들을 구원과 완덕의 길로 안내하기에 제일 지혜롭고 보편적인 법전'이라고 평가했다. 이 책을 연구한 전문가에 따르면 이냐시오가 생전에 7,500명에게 영성 수련을 실시했다고 한다. 이 책은 오늘날에 이르기까지 4,500판을 거듭했고 20여 개의 언어로 번역되었다. 그뿐만이 아니다. 그 내용을 따라 영성 수련을 한 사람들이 수백만 명에 달한다.

성 이냐시오 동굴(만레사)

영신수련(1548년 라틴어 초판)

이냐시오는 카르데네르 강의 영적 체험을 통해 구체적인 소명 하나를 깨달았다. 그것은 바로 그리스도를 본받는 일이었다. 이제는 자신이 가난하게 산다면 그것은 참회를 위해서가 아니라 단지 예수께서 그렇게 사셨기 때문이고, 자신이 예루살렘에 가고 싶다면 그것은 어떤 업적을 이루기 위해서가 아니라 단지 예수께서 활동하신 곳이기 때문이다. 그가 예루살렘 순례를 간절히 바란 이유는 바로 여기에 있었다. 그리스도를 본받기 위함에 있었다. 그가 언제부턴가 수도사 토마스아 켐피스의 책 『그리스도를 본받아』를 읽고 묵상하며 그렇게 살고자 기도하기 시작했는데 그렇게 한 까닭도 바로 여기에 있었다.

이냐시오가 영적으로는 이렇듯 황홀한 깨달음을 얻었지만 육체적으로는 매우 허약해졌다. 위경련이 자주 일어났고 겨울 추위도 매우 혹독했다. 나중에야 알게 된 것이지만 위경련은 담석증 때문에 생긴 것이었다. 그것 때문에 죽음 직전에 이른 적도 있었다. 그를 아끼던 여인들이 간청을 하는 바람에 그는 하는 수 없이 발에 신발을 신고 머리에 털로 된 사각모자를 썼다.

얼마 후 그는 다시 예루살렘을 향해 떠났다. 만레사에서 바르셀로나까지는 걸어서 갔고 바르셀로나에서 이탈리아 서해안의 가에타 항구까지는 배를 타고 이동했다. 가에타 항구에서 로마를 거쳐 베네치아까지 다시 걸어서 갔고, 베네치아에서 오늘날 이스라엘 서부의 야파까지는 배로 이동했다. 마지막으로 야파에서 최종 목적지인 예루살렘까지 도보로 갔다.

바르셀로나에서 배를 타고 야파까지 바로 갈 수도 있었겠지만 이렇게 베네치아로 돌아간 데는 이유가 있었다. 당시 예루살렘을 차지하고 있던 오스만제국이 베네치아에게만 연중 몇 차례 순례의 길을 허용해주고 있었기 때문이다.

이냐시오가 만레사를 떠난 시기는 1523년 2월이다. 바르셀로나에 도착하자마자 그는 만레사에서 하던 대로 집집마다 돌아다니며 동냥했다. 동냥으로 가난한 사람들에게 나누어줄 음식을 얻기도 하고 동냥으로 뱃삯도 마련했다. 20여 일 묵으면서 마련한 여비가 예상외로 뱃삯보다 많았다. 그는 뱃삯을 제외한 돈을 누군가 필요한 사람이 쓰도록 해변 의자에 두고 떠났다. 뭐 그렇게까지 해야 할 필요가 있었을까 하는 생각이 든다. 하지만 그의 관심은 온통 영혼을 돕는 데 있었고 그리스도를 따르는 데 있었다.

가에타 항구에 도착했을 때 이탈리아에 흑사병이 도는 바람에 바로 로마로 들어가지 못했다. 위생 문제로 아무나 들여보내지 않았던 것이다. 도시 주변에 위치한 교회에서 밤을 지새웠다. 동냥할 데가 없어서 피로와 굶주림으로 죽을 지경에 이르렀다. 간신히 로마로 들어간 그는 그곳에서 예수 그리스도의 수난을 기념하는 성주간을 보냈다. 그리고 다시 베네치아로 향했다. 로마에서 베네치아 근처의 파도바까지 6백 킬로미터 가량을 걸었다. 오늘날 프랑스 생장에서 스페인의 산티아고 데 콤포스텔라에 이르는 산티아고 순례길의 그것에 약간

못 미치는 거리이다.

베네치아에서는 우연히 만난 스페인 사람의 도움을 받았다. 그 집에서 며칠 유숙도 하고 키프로스로 가는 배에 오를 표도 구하게 되었다. 배는 키프로스 관리들을 태우고 가는 관용 선박이었다. 그런데 문제가 생겼다. 이냐시오에게 갑자기 고열이 발생했다. 의사는 배를 타면 죽을 수도 있으니 순례를 떠나지 말라고 조언했다. 하지만 이냐시오는 막무가내였다. 약을 먹고 배에 올랐다. 도중에 고열과 구토로 죽을 지경에 이르렀다. 그러다가 다행스럽게도 몸이 회복되기 시작했다. 아마도 구토 덕분이었던 것으로 보인다.

그가 예루살렘에 도착한 때는 9월 4일이었다. 7월 14일에 베네치아를 떠났으니 50일 이상 걸려서 도착했다. 꿈에 그리던 예루살렘에 당도했다. 로욜라 시절부터 마음속에 간지해온 예루살렘이었다. 설레는 마음을 안고 예수의 흔적을 돌아보기 시작했다. 십자가의 길을 한 바퀴 돌고, 감람산과 벳바게, 베다니, 베들레헴, 여호사밧 골짜기, 실로암 연못 등을 찬찬히 둘러보았다. 예수 그리스도의 시신이 묻혔던 거룩한 무덤에서는 밤을 지새우기도 했다. 예리코와 요르단 강 방문은 튀르크 군인의 안내를 받아야 했다. 살과 뼈를 가진 역사적 그리스도께서 활동하신 무대들을 자신의 영혼 깊숙한 곳에 고이 간직했다.

이냐시오는 언제부턴가 예루살렘에서 영원히 머물기를 바

랐다. 그리스도의 흔적이 있는 곳에서 영혼들을 돌보고 싶어 했다. 그는 그러한 바람을 프란체스코 수도회 측에 알리고 예루살렘에 머물게 해달라고 요청했다. 하지만 성지를 책임지고 있던 프란체스코회 관구장은 이를 단호하게 거절했다. 예루살렘을 오스만제국이 점령하고 있는 상황에서는 목숨이 위험하기 때문에 그곳에 머물러서는 안 된다는 것이었다.

이냐시오는 고민에 빠졌다. 어떤 길을 가야할지 선택해야만 했다. 그동안 예루살렘에 머물러 영혼들을 도와야겠다는 꿈을 키워왔다. 사리사욕에서 그런 것이 아니다. 더군다나 하나님께서 자신을 그렇게 인도해오셨다고 생각해왔다. 하지만 관구장은 그가 예루살렘에 머물지 못하게 했다. 개인의 꿈, 곧 주관적 분별과 관구장의 지시, 곧 교회의 권위가 정면으로 충돌하는 상황이 벌어진 것이다. 필시 관구장의 지시가 가혹하게 느껴졌을지 모른다. 하지만 그는 결국 그 지시를 받아들였고 그의 말에 순복했다. 그는 "우리가 선택하고자 하는 모든 것들은 그 자체로 중립적이거나 선한 것이어야 하며 거룩한 어머니이신 교회에 도움이 되어야" 한다고 『영신수련』에서 말했다. 이는 교회의 권위를 통해 드러나는 하나님의 뜻을 개인의 주관적 분별보다 우선시해야 한다는 말이다. 그가 『영신수련』에서 자신의 생각을 이렇게 최종적으로 정리한 데는 당시 그가 내린 결정이 여러 가지 면에서 옳은 분별이었다는 생각이 크게 작용했을 것이다. 선택을 해야 할 당시에는 분별의 의미가 희미하고 불확실할지라도 상당한 시간이 지나고 난 후 사후의 시각에서 바라보면 그 의미가 분명하게 드러날 수 있다.

이냐시오는 이제 다른 순례자들과 함께 예루살렘을 떠나야 했다. 예루살렘을 떠나기 전날 그는 아무도 몰래 다시 감람산으로 올라갔다. 그리스도가 승천할 때 마지막으로 딛고 섰다는 바위에 올라섰다. 그리고 하늘을 올려다보았다. 그리스도가 올려다본 그 하늘을 그리스도가 올려다본 바로 그 자리에서.

그 순간 성요한 구호소에서는 난리가 났다. 사라진 이냐시오 때문에 비상사태가 벌어진 것이다. 감람산을 내려가는 길에 그를 찾아 나선 하인을 만나 자초지종을 듣고 나서야 그는 상황을 파악했다. 하인은 마치 범인을 잡은 듯이 그의 팔을 붙잡고 구호소로 데려갔다.

20일간의 예루살렘 일정이 정말 순식간에 지나갔다. 이냐시오에게는 정말 잊지 못할 순간들이었다. 9월 23일 밤에 순례자들은 나귀를 타고 예루살렘을 빠져나왔다. 그들이 야파에 도착한 때는 10월 3일이었다. 그곳에서 그들은 키프로스로 가는 순례 선박에 올랐다.

바르셀로나와 파리 유학

이냐시오가 다시 베네치아에 도착한 때는 이듬해인 1524년 1월 중순이었다. 중간 기항지 키프로스에서 베네치아에 당도

하기까지 2개월이 걸렸다. 때는 겨울이어서 날씨는 매우 추웠고 눈까지 내렸다. 두꺼운 천으로 된 반바지에다 주름 잡힌 짧은 웃옷과 등이 타진 검은 조끼를 걸친 이냐시오에게는 몹시도 추운 겨울이었다.

하지만 이냐시오에게는 추위보다 더 신경 쓰이는 문제가 있었다. 그것은 불확실한 미래였다. 예루살렘 체류의 길이 막히면서부터 무엇을 해야 할지 고민하게 되었다. 고민 끝에 그는 만레사의 체험을 통해 품게 된 영혼을 돕겠다는 마음을 다시 다졌다. 그리고 영혼을 돕는 데 필요한 공부에 집중하기로 마음을 먹었다. 여기서 확실하게 짚고 넘어가야 할 것은 공부의 목적이 영혼을 돕기 위한 데 있었다는 점이다. 그는 공부를 위해서 바르셀로나로 돌아갔다.

1524년 사순절에 바르셀로나에 도착한 이냐시오는 1526년 중반까지 2년간 그곳에서 공부했다. 예루살렘 순례를 위해 바르셀로나에 들렀을 때 알고지낸 이사벨 로제르와 헤로니모 아르데볼이 그를 도왔다. 이냐시오가 그들에게 자신의 공부 계획을 알리자 두 사람은 그 계획을 기꺼이 환영했다. 이사벨 로제르는 생계 대책을 마련해주었고, 문법학 교수 헤로니모 아르데볼은 그에게 무료 개인 수업을 제공해주었다. 그곳에서 그는 신학 공부에 필요한 기초과목을 공부했다.

바르셀로나에 머문 2년 동안에도 이냐시오는 사람들을 도왔다. 그들과 영적인 대화를 나누고 어떤 삶을 살아야 할지 그들에게 조언해주었다. 구호소의 환자들을 돌아보고 감옥에 수감된 죄수들을 방문했다. 가난한 사람들에게는 동냥으로 얻은 것들을 나누어주었다. 공부를 한답시고 영혼들을 돕는 사도적 활동을 중단하지 않았다.

그러다가 알칼라대학에서 공부하는 게 더 좋겠다는 헤로니모 아르데볼의 조언을 따라서 1526년 중반에는 알칼라 데 에나레스로 이주했다. 당시 인문주의로 명성을 떨치고 있던 알칼라대학에는 꿈을 품은 청년들이 많이 모여들고 있었다. 그는 그곳에서 바르셀로나에서 접할 수 없는 새로운 교리와 영성을 탐구할 생각이었다.

알칼라에 도착한 이냐시오는 구호소에 거처를 두고 동냥으로 먹고 살았다. 청년 4명이 그를 따랐다. 그들은 삼베와 같은 툭툭한 천을 걸치고 다녀서 삼베파로 알려졌고 이냐시오의 어릴 적 이름을 따서 이니고파로 불리기도 했다.

이냐시오는 또한 영성 수련을 실시하고 기독교 교리를 가르치는 데 관심을 보였다. 그러다 보니 그가 전하는 이야기에 관한 소문이 시나브로 사람들의 입에 오르내리게 되었다. 급기야는 이단 시비에 휘말리게 되었고 이단성 조사까지 받게 되었다. 이상한 옷을 걸친 늦깎이 학생들이 이상한 이야기를 늘어놓는다고 하니 종교재판의 바람이 일고 있던 당시에 그들을 가만히 놔둘 리가 없었다. 조명주의자들(알룸브라도스)을 이단이라고 판결한지 얼마 되지 않았을 때였다. 조명주의자들은 가톨릭의 미사 풍습과 달리 남몰래 가정집에 모여 성경을 비롯한 몇몇 책들을 읽고 소감을 나누며 고요한 묵상기도를 즐겼다. 게다가 금욕을 기피하고 신비한 소통을 중시하며 영혼의 자유를 갈망했다. 이따금씩 도덕적 방탕에 빠지기도 했다. 신학적으로 제일 위험한 요소는 교회의 중재를 거부하고 하나님과 직접 소통을 강조한다는 데 있었다. 이것은 성직자들의 위계와 성사를 중시하는 가톨릭교의 시각에서 볼 때 이단성 소지가 다분한 요소였다. 이러한 조명주의는 어떤 면에서 에라스무스주의와 유사했다. 로테르담의 에라스무스도 형식적이고 의례적인 종교 활동을 경시하고 외형 중심의 신앙과 전통적인 경건을 비판했다. 에라스무스는 내면 중심의 신앙을 강조했다.

당시 이냐시오가 실시한 '가벼운' 영성 수련과 내면생활 교육이 조명주의나 에라스무스주의와 닮은 것처럼 보였다. 사람들은 구호소의 정원이나 다른 곳들에서 설교를 하고 있는 맨발의 이냐시오는 물론이고 그 앞에서 무릎 꿇고 앉아 설교를 듣고 있는 여인들을 이상하게 생각했다. 이냐시오 무리는 곧 조사를 받게 되었고 종교재판관 후안 로드리게스 데 피게로아가 그들을 조사했다.

조사 결과는 간단했다. 무죄였다. 그들의 삶과 교리에서 문제가 되는 혐의점을 찾지 못했다. 다만 복장을 문제 삼았다. 같은 모양에다 같은 색의 옷을 입지 말라고 했다. 이에 이냐시오는 그 지시를 따르기로 했고, 한 동료에게는 검은 색으로, 다른 동료들에게는 황갈색으로 옷을 염색해서 입으라고 말했다. 옷을 새로 사 입을 돈이 없었던 것이다. 그런 판결이 있고 나서 3주 후에는 맨발로 다니지 말라는 지적까지 받았다. 이냐시오 무리는 순순히 그렇게 했다.

이냐시오 일행은 이런 재판을 알칼라 데 에나레스에서만 세 차례나 받았다. 42일간 감옥에 수감되기도 했다. 이냐시오는 판결 내용을 모두 수용했다. 하지만 한 가지 지시 사항은 따를 수 없었다. 공부를 마치기까지 4년 동안 신앙에 관한 것을 가르치지 말라는 지시였다. 사제도 아닌데다가 신학에 대한 지식도 충분히 갖추지 않았다는 이유에서였다. 소정의 공부를 마친 것도 아니고 그와 관련한 증명서도 없으니 사람들에게 교리를 가르쳐서는 안 된다는 이야기였다.

이냐시오는 부당한 이 문제를 톨레도 대주교에게 직접 제기하기로 하고 그가 있는 바야돌리드로 향했다. 대주교 알론소 데 폰세카는 당시 카를 5세(카를로스 1세)의 아들 펠리페 왕자에게 세례를 베풀고자 바야돌리드에 머무르고 있었다. 폰세카 대주교는 에라스무스의 친구였다.

이냐시오 일행은 1527년 6월 20일 무렵 알칼라 데 에나레스를 떠나서 2백 킬로미터 떨어진 바야돌리드로 갔다. 이들을 반갑게 맞이한 폰세카 대주교는 전후 사정을 파악하고 나서 그들에게 살라망카 유학을 추천했다. 그리고 그곳에 있는 그의 지인들이 잘 돌봐줄 것이라고 그들을 안심시켜주었다.

하지만 살라망카에서도 사정은 만만치 않았다. 그곳에서도 복장과 설교 내용을 문제 삼았다. 설교 내용을 문제 삼는 질문에 설교를 한 것이 아니라 그냥 하나님에 관한 것들을 친근하게 이야기해주었을 뿐이라고 대답했다. 하지만 심층 조사를 받게 되었고 심층 조사가 진행되는 동안 22일간 감옥에 수감되어 있어야 했다. 이냐시오는 심지어 심의를 위해 영신수련 공책까지 제출해야 했다.

판결 내용은 알칼라 데 에나레스에서 받은 그것과 동일했다. 재판관은 이냐시오의 삶이나 교리에서 아무런 잘못을 찾지 못했다. 다만 4년이 지날 때까지 교리를 가르치지 말라고 지적했다. 이냐시오는 종전과 마찬가지로 그 지시를 따르겠다고 약속했다. 하지만 판결 내용을 수용하지는 않았다. 영혼들을 돕지 않겠다고 약속하기는 했지만 그 약속은 살라망카 관할구역 내에 있을 때만 지킬 생각이었다.

감옥에서 석방된 이냐시오는 고민에 빠졌다. 세상에 누가 하나님에 대해 이야기하는 것을 막을 수 있겠는가? 영혼들에게 하나님을 소개하는 것보다 더 중요한 일이 어디 있을까? 이냐시오는 자신이 무엇을 해야 할지 고민했다. 그런 가운데서도 한 가지는 분명히 했다. 그것은 바로 영혼들을 보살펴야 한다는 것이었다. 그러니 영혼을 돕지 못하게 하는 살라망카에 더 이상 머무를 이유가 없게 되었다. 여러 가지 고민 끝에 그는 파리 행을 선택했다. 당시 파리는 서구 지성 세계의 중심지로 알려져 있었다. 동료들과 상의한 그는 9월 중순의 어느 날 혼자 바르셀로나로 떠났다.

바르셀로나에 도착한 이냐시오가 지인들에게 파리로 유학을 떠나겠다고 말하자 그들은 그것을 한사코 만류했다. 스페인과 프랑스 사이에 전쟁이 일어날지 모르니 위험하다는 이유에서였다. 하지만 1528년 1월까지 전쟁은 일어나지 않았다.

이냐시오는 1528년 1월 초에 지인들의 만류를 뿌리치고 '홀로 걸어서' 파리로 출발했다. 이네스 파스쿠알과 이사벨 로셀, 알돈사 카르도나, 이사벨 데 호사 등으로부터 학비 지원을 약속받았다.

그가 파리에 도착한 때는 2월 3일이었다. 그곳에서 1535년 3월까지 머물렀으니 대략 7년간 파리에서 유학을 한 셈이다. 그는 파리에서 영적인 기초를 다지고 관련 지식을 쌓았다. 아울러 훗날 함께 예수회를 창설하게 될 동지들을 만났다.

청운의 꿈을 안고 파리에 온 이냐시오였지만 파리 생활에 적응하기는 쉽지 않았다. 라틴어는 물론이고 프랑스어도 잘하지 못했다. 그래서 라틴 구역에서 스페인 공동체를 물색했고, 스페인 사람들과 함께 하숙을 시작했다. 그때 사건이 터지고 말았다. 파리에서 2년 정도 지낼 수 있는 학비와 생활비를 날려버렸다. 후원자들이 십시일반씩 지원해준 소중한 돈이었다. 그 돈을 스페인 하숙집 주인에게 맡겼는데 주인이 그걸다 써버린 것이다. 파리에서는 학업에 전념하겠다고 굳게 마음먹었었는데 이제 다시 동냥을 해야 할 처지에 놓였다. 그래도 학기 중에는 공부에 전념했다. 동냥은 여름 방학과 사순절 방학을 이용했다. 1529년부터 1531년까지 브뤼허와 안트베르펜에 들러 동냥을 했다. 플랑드르 지역에 사는 스페인 상인들이 관대하니 그곳에 가면 학업 비용을 마련할 수 있을 거라는 스페인 수도사의 조언을 따른 것이다. 1531년에는 심지어 런던까지 다녀왔다.

이냐시오는 하숙집 사건 이후 생자크 구호소에서 무료로 숙박했다. 이 구호소는 산티아고 데 콤포스텔라 순례단이 설립한 숙박시설이었다. 학교에서 수 킬로미터 떨어져 있어서 불편한 점이 한두 가지가 아니었지만 잘 견디는 도리밖에 없었다.

이냐시오는 대학에서 교양과목을 공부하려고 했지만 기초가 부족하다는 생각이 들어서 라틴어 기초 공부를 더했다. 1529년 10월에 산타 바르바라 대학에서 교양과정을 시작했고, 1532년 12월에는 중등교육과정을 수료했다. 그가 교원자격증을 교부받은 것은 그로부터 1년 반쯤 뒤인 1534년 3월이었다. 1533년 3월에는 드디어 문학사 학위를 받았다. 그는 이제 대학에서 철학을 강의할 수 있게 되었고, 설교를 하는 데도 아무런 문제가 없게 되었다. 그는 여기에 그치지 않고 그해 4월부터 신학을 공부하기 시작했다. 신학 공부는 파리를 떠나게 되는 1535년 3월까지 계속했다. 그는 이제 자신의 영적 체험을 보다 체계적으로 설명할 수 있게 되었다.

이냐시오가 파리로 유학을 가면서 생각한 목표는 두 가지였다. 한 가지는 물론 공부였고, 다른 한 가지는 같은 목적을 추구하는 동지들을 규합하는 것이었다. 그는 같은 숙소의 친구들과 접촉하는 데서부터 시작하여 학생들뿐만 아니라 교수들과도 접촉 면적을 넓혀 나갔다. 그러면서 6명의 동지를 만나게 되었다. 그들은 페드로 파브로와 프란시스코 하비에르, 니콜라스 알론소 보바디야, 시몬 로드리게스, 디에고 라이네스, 알폰소 살메론이었다. 서로 동일한 이상을 지니고 있음을 확인한 그들은 성모승천 대축일인 1534년 8월 15일 파리 몽마르트르의 한 예배당에 모여 서원 의식을 거행했다. 그들은 청빈과 정결을 서원한 데 이어서 예루살렘을 순례하기로 서원했다. 이것이 그 유명한 몽마르트르 서원이다. 이냐시오는 『자서전』에서 당시의 서원 내용을 이렇게 소개한다. "베네치아로 가서 그곳에서 예루살렘으로 건너가 영혼들을 봉사하는 데 생애를 바친다. 만일 예루살렘에 체류할 허가를 받지 못하게 되면 로마로 돌아와 그리스도의 대리자께 자신들을 바친다." 신성한 성격을 지닌 이들의 서원은 향후 수도회를 창설하게 되는 매우 중요한 계기가 된다. 그들은 이듬해 같은 날에 다시 서원을 했다. 그때는 3명이 더 합류했다. 그들은 클로드 제이와 파샤스 브로에, 장 코뒤르였다.

몽마르트르 서원(루벤스, 17세기)

서원 후에도 이냐시오는 신학 공부에 열중했다. 그런데 그 때 그의 건강에 심각한 문제가 생기기 시작했다. 2주 정도마다 위장에 강한 통증을 동반한 고열이 발생했다. 어떤 경우에는 경련이 16시간 동안 지속될 때도 있었다. 나중에 시신을 부검한 결과 사망 원인이 담석증으로 나온 것을 볼 때 담석증을 앓았던 것으로 보인다. 당시 의사들이 내린 처방을 다 써보았으나 별 소용이 없었다. 결국 고전적인 민간요법에 기대게 되었다. 고향의 바람을 쐬면 나아질 것이라는 처방이었다. 그는 하는 수 없이 신학 공부를 마치지 못한 채 고향으로 돌아가게 됐다. 고향을 떠나온 지 13년 만에 다시 고향으로 돌아가게 되었다. 1535년 봄에 내린 결정이다. 동지들과도 작별했다. 2년 뒤에 베네치아에서 다시 만나 예루살렘을 방문하기로 약속하고서.

로마 시절

고향 로욜라에 돌아온 이냐시오는 그곳에서 3개월을 머물렀다. 그는 건강을 돌보면서도 활동을 멈추지 않았다. 막달레나 구호소에 머물면서 그곳 교회에서 설교하고 어린이들에게 기독교 교리를 가르쳤다. 이냐시오가 아이들에게 기독교 교리를 가르치겠다고 하자 형 마르틴은 아무도 오지 않을 거라면서 한사코 만류했다. 하지만 많은 사람들이 그의 가르침을 들으러 몰려들었고 마르틴도 그 무리들 가운데 끼어 있었다. 그는 언제나 그랬던 것처럼 동냥을 했고 동냥한 것을 가지고 가난한 자들을 지원했으며 그 일대에 만연해 있던 놀음과 축첩의 악습을 혁파하는 데도 앞장섰다.

3개월 뒤인 1535년 7월에는 다시 고향을 떠나 팜플로나와 알마산, 시구엔사, 톨레도, 발렌시아 등 스페인인 동지들의 고향을 돌며 그들의 가족들을 방문했다. 그리고 파리 동지들과 약속한 대로 베네치아로 향했다. 제노바를 거쳐 그해 12월에 볼로냐에 당도했고 베네치아에는 이듬해 1월 초에 도착했다.

1536년은 이냐시오의 생애에서 비교적 조용하게 지낸 한 해였다. 건강이 양호하여 신학 연구에 상당한 시간을 보냈고 영적인 대화에도 관심을 기울일 수 있었다. 다양한 인종과 민족들이 거주하는 베네치아는 서양 문화와 동양 문화는 물론이고 가톨릭과 프로테스탄트의 교류가 활발한 곳이었다. 그는 이때 스페인 개신교 저술가이자 인문주의자이며 에라스무스주의자인 후안 데 발데스가 이끄는 이탈리아 복음주의를 알게 되었다. 후안 데 발데스는 프랑스 복음주의와 스페인의 조명주의, 독일의 루터주의, 이탈리아의 영성주의를 아우르는 종교적 혼합을 시도한 특이한 인물이었다.

이냐시오는 파리에서 약속한 대로 동지들이 베네치아에 모이기를 바랐다. 베네치아는 예루살렘 순례의 출발지이기도 하고 이탈리아 내 개혁의 중심지이기도 했다. 1537년 1월 8일 프란시스코 하비에르를 비롯한 파리 동지들이 마침내 베네치아에 합류했다. 그들은 그곳 병원을 돌아다니며 환자들을 돌본 뒤 그해 3월에 교황에게 예루살렘 순례와 사제 서품을 허락해 달라고 청원했다. 그 결과 이냐시오를 비롯한 4명의 동지들이 그해 6월에 사제 서품을 받게 되었다. 이제 그들은 고해성사를 집전할 수 있게 됐고 말씀의 사도직을 수행할 수 있게 되었다. 하지만 오스만제국과 베네치아 공화국 사이의 전쟁으로 예루살렘으로 가는 배편이 끊기는 바람에 예루살렘 순례 계획은 접어야만 했다.

그들은 두세 명씩 흩어져 활동하다가 1537년 9월에 다시 비첸차에 모였다. 오늘날 베네토 주에 속한 비첸차는 베네치아 서쪽에 있는 도시이다. 이냐시오가 중대 결정을 하려고 그곳에 모임을 소집했다. 그들은 그 모임에서 수도회 소속 성직자 단체를 구성하기로 뜻을 모았다. 그리고 다시 흩어졌다. 이냐시오와 페드로 파브로, 디에고 라이네스는 교황에게 자신들을 봉헌하려고 로마로 향했고, 다른 이들은 파도바와 시에나, 볼로냐 등지를 돌아다니며 대학에서 강의를 했다.

당시 로마로 가던 이냐시오 일행은 로마에서 16킬로미터 떨어진 라 스토르타에서 신비한 영적 체험을 했다. 조그만 교회에서 기도하는 가운데 이냐시오는 자신이 십자가에 못 박힌 그리스도와 연합되는 환상을 보았다. 이른바 라 스토르타의 환상이었다.

    1538년 5월은 이냐시오에게 박해의 시기였다. 로마에 도착하고 7개월 쯤 지나자 그를 비난하는 사람들이 생겨났다. 비난의 내용은 그가 실시하는 영성 수련이 정통이 아니고 조명주의와 닮았다는 것이다. 이냐시오가 여러 차례 종교재판소의 심의를 받은 적이 있고 스페인과 프랑스와 베네치아에서는 심의를 피해 도망치기까지 했다는 이야기가 나돌았다.

자신의 무죄를 입증하는 이냐시오(루벤스, 17세기)

이냐시오는 그런 일을 한두 번 겪은 게 아니었다. 그래서 그는 정통성을 입증하는 근거가 될 자료들을 늘 갖고 다녔다. 알칼라 데 에나레스, 살라망카, 파리, 베네치아, 비첸차 등지에서 받은 종교재판의 판결문들은 물론이고 교원자격증, 신학 공부 증명서 등을 지참하고 있었다. 게다가 주요 귀족들과 성직자들의 증언도 확보해두었고, 추기경들에게 지지를 호소하기도 했다. 그는 무엇보다도 교황에게 직접 호소했다. 그는 교황에게 자신이 살아온 생애를 이야기하면서 정통성 시비에 대해 확고한 판결을 내려 달라고 요청했다.

이냐시오는 이번에도 무죄 판결을 받았다. 그동안 지긋지긋하게 따라 다니던 정통성 시비가 마침내 끝나는 순간이었다. 글쎄 무죄 판결이 얼마나 기뻤으면 지인과 친구들에게 판결문 사본까지 보내주었을까.

1539년 4월 15일에는 수도회를 창설하기로 하고 그 이름을 예수회로 정했다. 그리스도와 더욱 친밀해지기를 바란다는 의미에서 수도회 이름을 그렇게 불렀다. 초창기 동지들은 이를 위해 로마에 모여 3월 중순부터 여러 차례 회의를 거듭했다. 그들은 예수회가 교황의 승인을 받을 경우에 모두 입회 서원과 순명 서원을 하겠다고 약속했다.

교황 요한 바오로 3세는 그해 9월 2일에 구두로 예수회를 미리 승인해주었다. 하지만 기누차라는 추기경이 반대 공작을 펴는 바람에 칙서로 그것을 승인을 받기까지는 1년을 더 기다

려야 했다. 1540년 9월 27일에야 예수회가 공식적으로 출범하게 된다.

1540년 9월 27일 예수회를 공식 승인하는 바오로 3세(루벤스, 17세기)

그에 앞서 4월에는 초창기 동지들이 로마에 모여 이냐시오를 초대 총장으로 선출했다. 이냐시오는 사실 로마에 입성할

때까지만 해도 엄격한 의미의 수도회를 창립할 생각을 하지 않았다. 그랬던 그가 매우 조직적이고 근대적인 수도회를 창립했고 그 수도회의 초대 총장이 되었다.

예수회 설립자 이냐시오 데 로욜라(루벤스, 17세기)

예수회 창립자들은 오래 전부터 가져온 예루살렘 순례의 꿈을 접고 로마를 예루살렘으로 여기기로 했다. 그들이 그렇게 생각하게 된 데는 교황의 영향이 컸다. 당시 교황 바오로 3세가 페드로 파브로와 디에고 라이네스를 점심식사에 초대하곤 했는데 하루는 그들에게 왜 그렇게 예루살렘에 가고 싶어 하느냐면서 하나님의 교회 차원에서 참되고 진정한 예루살렘은 로마라고 말했다. 그들은 그 말을 의미심장하게 받아들였다. 사실 예수의 땅은 전 세계이며 예수의 말씀과 구원이 필요한 곳은 세계의 구석구석이다. 이제 그들은 더 이상 예루살렘에 집착하지 않기로 했다.

　　그들은 로마의 카피톨리노 언덕에 있는 주택에서 공동생활을 시작했다. 일부는 로마의 라사피엔차대학에서 강의를 했고 나머지는 동네에서 아이들을 가르쳤다. 그들은 동냥으로 구한 빵과 장작과 침대로 쓸 볏짚을 가난한 자들에게 나누어 주었다. 거지들의 발을 씻겨 주고 병자들을 돌보았다. 이들의 활동에 감동을 받은 사람들이 시나브로 나타나기 시작했다. 그들 중에는 일부 부유층과 추기경들도 있었다.

　　예수회가 창설된 1540년에서 이냐시오가 사망한 1556년 사이에 예수회는 들불처럼 번져나갔다. 이냐시오를 추종하는 사람들이 10여 명에서 1천 명가량으로 불어났다. 준비된 일꾼들이 전 세계를 돌아다니며 선교했다. 이를테면 파브로는 보름스, 슈파이어, 마인츠, 안트베르펜, 포르투갈을 거쳐 쾰른을 지

예수회 선교사(1779)

나 에보라와 바야돌리드에 들렀다가 로마로 돌아왔다. 그는 안타깝게도 1546년에 로마에서 사망했다. 파브로의 뒤를 이은 제이는 레겐스부르크와 잉골슈타트, 잘츠부르크, 트렌토, 페라라를 지나 독일로 갔다. 브로엣과 살메론은 아일랜드로 갔고, 라이네스는 베네치아와 파도바, 브레시아, 바사노, 트렌토, 피렌체, 시칠리아, 제노바 등지를 돌아다녔다. 살메론은 나중에 나폴리에서

트렌토와 잉골슈타트를 다녀오기도 하고, 인스부르크와 빈, 파사우, 프라하, 보름스, 브뤼셀, 아우크스부르크, 로마를 다녀오기도 했다. 로드리게스는 리스본으로 갔다. 하비에르는 인도의 고아와 일본의 가고시마와 야마구치 등지에서 선교했다.

예수회는 1541년에서 1551년에 이르는 초창기 10년 동안에 그 이후 수 세기에 걸쳐 이룩한 것보다 더 많은 발전과 변화를 거듭하게 된다. 예수회의 대표 사업 가운데 하나인 교육 사업을 위해 이탈리아와 스페인, 독일에 여러 교육기관들을 설립했고 영성 수련도 실시했다.

이냐시오는 그의 생애 마지막 15년을 대부분 로마에서 살

았다. 당시 그의 삶은 매우 조용하고 단순했다. 잠을 조금 자고 수도원 방에서 밤을 지새우며 생각하고 기도했다. 낮에는 일에 몰두했다. 이따금씩 옥상으로 올라가서 하늘을 올려다보거나 도시 근교로 외출을 다녀왔다.

총장이 되면서부터 그는 예수회를 관리하고 지도하는 일에 많은 시간을 할애했다. 수도회에 가입한 회원들의 영적 기초를 다지고 수도회의 유대를 강화하는 데 심혈을 기울여야 했다. 4개 대륙으로 흩어진 예수회 가족들의 통합을 유지하기 위해 그는 끊임없이 편지를 썼고 흩어진 선교사들에게 편지쓰기를 강조했다. 그가 주고받은 편지들 가운데 현재 남아 있는 것들만 무려 7천통에 달한다. 하룻밤에 250통을 쓴 적도 있었다. 1555년 한 해에만 1천통의 편지를 썼다. 말년에는 편지 내용을 비서가 주로 받아 적었다. 그가 살던 16세기 당시의 우편 사정을 감안할 때 이는 실로 기적과 같은 일이 아닐 수 없다.

이냐시오는 또한 끊임없이 청빈에 집착했다. 자기 자신뿐만 아니라 추종자들에게도 청빈을 강조했다. 그는 청빈을 하나님에 대한 신뢰를 배우는 학교이자 그리스도를 본받는 구체적인 행위라고 생각했다. 우리 시대 성직자들은 과연 무엇에 집착하고 있는지 모르겠다.

이냐시오는 마지막으로 예수회 헌장, 곧 회헌을 완성하는 일에 심혈을 기울였다. 회헌을 완성하는 작업은 예수회를 인가받고 『영신수련』을 승인받는 작업들과 더불어 그가 설정한 인생의 3대 목표 가운데 하나였다. 예수회와『영신수련』은 앞서 애기한 대로 1540년과 1548년에 각각 교황의 승인을 받았다. 회헌의 최종본은 1552년에 완성했지만 예수회 총회에서 그것을 승인받은 것은 그가 사망한 뒤인 1558년이었다. 그래도 이냐시오는 자신이 설정한 인생 목표를 다 이룬 것이나 다름없다.

이냐시오의 죽음, 1556년 7월 31일, 로마(루벤스, 17세기)

이냐시오는 말년에 담석증과 열병으로 고생했다. 침대 위에서 먹고 마셔야 할 처지에 놓였다. 그런 와중에도 그는 페라라와 쾰른, 클레르몽, 나폴리, 시칠리아, 스페인, 트리에스테, 영국, 에티오피아로 보낼 편지를 썼다.

그는 1556년 7월 30일에 교황 바오로 4세에게 병자성사를 받고 싶어 했다. 마지막 날 밤에는 여느 때보다 저녁식사를 잘했고 동료들과 대화도 나누었다. 그리고 이튿날 아침에 별세했다. 비서가 교황을 모시러 간 사이에.

순례자, 이냐시오

이냐시오는 로욜라의 병상에서 회심을 하고 난 뒤 긴 인생 순례를 떠났다. 고향 로욜라를 떠나 몬세랏, 만레사, 바르셀로나, 베네치아를 거쳐 예루살렘을 순례하고, 바르셀로나와 알칼라 데 에나레스와 파리에서 유학했다. 다시 고향에 들렀다가 베네치아를 거쳐 로마에서 그의 생을 마감했다. 그의 삶은 부르심을 받았을 때에 장래에 유업으로 받을 땅에 갈 바를 알지 못하고 나아간 아브라함의 생애와 닮았다. 그가 왜 자신을 순례자라고 생각했는지 그 이유를 짐작할 수 있다.

순례자는 장소를 옮길 때마다 선택을 해야 한다. 선택을 위해서는 그것이 하나님의 뜻이나 인생의 목표에 부합하는지 분별하는 작업이 필요하다. 이냐시오는 이런 분별 작업을 거쳐 예루살렘에 체류하려던 꿈을 접었고, 베네치아에서 한동안 공부를 더하기로 선택했고, 살라망카에서 파리 행을 결단했다. 인생은 이렇듯 분별과 선택으로 이루어지는 순례와 같다.

사실 순례는 한 장소에서 다른 장소로 이동하는 외형적인 순례에 그치지 않는다. 외형적 순례의 이면에는 내면적 순례가 진행된다. 무질서한 열정이나 애정의 구속을 받는 나에서 자유로운 나로 나아가는 내면의 순례가 이어진다. 이냐시오가 교회를 개혁한 스페인 황금세기 성인들 가운데 대표적 인물로 추앙받는 이유는 필시 그가 내면의 순례를 통해 끊임없이 자신을 개혁했기 때문일 것이다. 그는 회심 이후 영혼을 도우면서 그리스도를 본받는 일에 평생을 바쳤다.

이냐시오는 천천히 걸어 다녔다. 그는 65년의 생을 나그네와 같이 순례했다. 그리고 예수회와 『영신수련』 같은 순례의 흔적을 우리들에게 남겼다. 우리는 과연 어떤 흔적을 남기게 될까.

6장 오늘날의 이냐시오 순례길

이냐시오 순례길은 우리에게 거의 알려져 있지 않다. 이는 스페인 사람들에게도 마찬가지이다. 스페인 사람들에게 이냐시오 순례길에 대해 들어본 적이 있는지 물어볼 기회가 여러 차례 있었다. 그때마다 그들은 금시초문이라는 반응을 보였다. 그러면서 그들은 산티아고 순례길로 얼른 화제를 돌리곤 했다.

사람들이 이냐시오 순례길을 잘 모를 만도 하다. 이 길이 개통된 지 아직 얼마 되지 않았기 때문이다. 예수회와 관련 자치단체들, 곧 출발지 쪽의 바스크 정부와 도착지 쪽의 카탈루냐 정부가 서로 손을 잡고 이 길을 개통한 것이 2012년이다.

이냐시오 순례길은 이냐시오의 생가가 있는 로욜라에서부터 그가 신비한 체험을 한 만레사에 이르는 길이다. 그 거리가 650킬로미터에 달한다. 산티아고 데 콤포스텔라로 가는 프랑스 길보다 150킬로미터 정도 짧다. 이 길은 산티아고 순례길과 달리 이냐시오가 1522년에 직접 순례한 길이다. 그가 예루살렘 순례 차 이 길을 걸었다. 이 길을 개발하는 데 주도적으로 참여한 크리스 로우니는 이냐시오의 생애와 세계를 변화시키는 데 이바지한 이 길이 오늘날 21세기를 살아가는 우리의 삶에 커다란 변화를 가져다주게 될 것이라고 기대했다.

이냐시오 순례길은 이제 막 걸음마를 하고 있다. 2014년 통계를 보면 이 길을 완주한 사람이 한 해에 2백 명 안팎에 불과하다. 같은 해 산티아고 길을 여행한 순례자들은 무려 237,886명에 달했다. 하지만 산티아고 길 순례자도 1970년대에는 2~3백 명 수준에 불과했다. 그 수가 급격히 늘어난 것은 그로부터 20년이 지난 1990년대에 들어서였다. 이 점을 고려하면 이냐시오 순례길의 장래가 어떻게 될지 그 귀추가 자못 궁금하다. 더군다나 오는 2022년에 이냐시오 순례 5백주년을 기념하고 그 해를 성년으로 지킨다니 순례 환경과 규모에 상당한 변화가 일어나지 않을까 싶다.

지금까지 이냐시오 순례길을 찾은 사람들은 대개 예수회 회원들과 산티아고 순례길을 완주한 사람들이다. 전 세계적으로 5천만 명에 이르는 예수회 관계자들과 매년 수십만 명에 달하는 산티아고 길 순례자들이 이 길을 찾게 될 것이다. 따라서 이냐시오 길 순례자 수는 앞으로 계속 늘어날 전망이다.

이냐시오 순례길의 특색으로는 세 가지를 꼽을 수 있다. 우선 이 길은 가톨릭 성인 이냐시오가 직접 걸은 길이다. 따라서 이냐시오를 아는 사람이라면 이냐시오의 순례를 상상하며 길을 걸을 수 있다. 특히 영적 체험을 추구하는 자들에게는 이 길이 매우 유익할 것이다.

다음으로 이냐시오 순례길은 '절제와 고독'의 길로 알려져 있다. 이 길의 이러한 정체성은 이 길을 순례한 이냐시오의 마음가짐과 삶에서 비롯되었다. 절제를 해야겠다고 느끼거나 고독의 시간을 갖고 싶은 분들에게는 이 길이 매우 유용할 것이다.

마지막으로 이 길 특유의 다양한 자연 환경과 문화유산을 맛볼 수 있다. 이 길은 바스크, 라 리오하, 나바라, 아라곤, 카탈루냐의 다섯 지방을 지난다. 각 지방마다 펼쳐지는 풍광이 다채롭다. 바스크 지방의 산악 지역을 오르내리기도 하고, 아라곤 지방의 황량한 들판을 지나기도 한다.

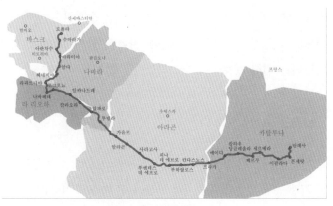

이냐시오 순례길

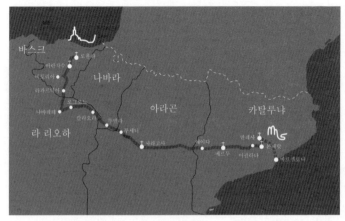

이냐시오 순례길

　여기서는 전체 27개 구간의 주요 특징과 들러보면 좋을 문화유적을 간략히 소개한다. 여행을 떠날 때는 이냐시오 순례길 웹사이트에서 필요한 실제 정보들을 확인하고 출발하는 게 좋다. 산티아고 순례길과 달리 이냐시오 순례길은 군데군데 개보수 작업이 이루어질 수 있다. 따라서 웹사이트에서 업데이트되는 최신 정보들을 참고하는 게 좋다.

바스크 지방

　바스크 지방을 바스크어로는 '에우스카디'라고 부른다. 전체 27개 구간 가운데 처음 6개 구간이 이 바스크 지방을 지난다.

[1구간] 로욜라 – 수마라가(18.2km)

[2구간] 수마라가 – 아란차수(21.4km)

[3구간] 아란차수 – 아라이아(18.0km)

[4구간] 아라이아 – 알다(22.0km)

[5구간] 알다 – 헤네비야(24.0km)

[6구간] 헤네비야 – 라과르디아(27.3km)

바스크 지방은 가파른 산악 지역으로 이루어져 있다. 초록이 우거진 숲속의 비탈길을 따라 걷다 보면 바스크인들의 기질이 왜 그렇게 도전적이고 저항적인지 그 까닭을 어렴풋하게나마 헤아릴 수 있게 된다. 마젤란과 함께 세계 일주를 한 후안 세바스티안 엘카노, 멕시코와 필리핀 제도를 잇는 태평양 항로를 개척한 미겔 로페스 데 레가스피와 안드레스 데 우르다네타, 부에노스아이레스 도시를 건설한 후안 데 가라이가 이 지방 출신이다. 이곳에는 해발 1,200미터의 산등성마루로 이어지는 가파른 오르막길이 있다. 이냐시오 순례길 가운데 최대 난코스 구간이 바로 이곳이다. 그러니 각오를 단단히 해야 할 것이다.

[1구간] 로욜라 –3.5km– 아스코이티아 –7.2km– 아이스푸루초 –7.5km– 수마라가(18.2km)

이냐시오가 태어난 로욜라는 아스페이티아 시에 속해 있다. 기푸스코아 주에 속한 아스페이티아는 우롤라 강을 끼고 발달한, 인구 15,000명 정도의 아담한 도시이다. 대도시 산세바스티안에서 서쪽으로 44킬로미터 정도 떨어져 있다.

로욜라에는 로욜라 성소가 있다. 이냐시오 생가를 중심으로 조성된 성소다. 생가와 바실리카, 영성센터, 숙박소(알베르게), 도서관으로 이루어져 있다. 수 세기 전부터 관광객과 순례자들을 끌어들이고 있는 명소다.

로욜라 성소

이냐시오 순례길의 순례는 대개 이냐시오 생가를 방문하는 것으로 시작한다. 이냐시오가 태어난 생가의 저택이 완벽하게 잘 보존되어 있다. 그가 태어난 방과 함께 그가 읽은 책들을 전시해놓은 거실, 그가 수술을 받고 회심을 하게 된 공간이 있다. 회심 예배소에서 묵상기도를 드리고 순례에 임한다면 더할 나위 없이 좋을 것이다.

로욜라 바실리카는 이탈리아 건축가 카를로 마리아 폰타나가 설계했다. 65미터 높이의 돔이 매우 인상적이다. 1689년에 착공하여 1738년 7월 31일 성 이냐시오의 축일에 개관했다. 영성센터에는 다양한 영성 프로그램이 준비되어 있고, 도서관에는 15만 건에 달하는 장서와 자료가 보존되어 있다.

아스페이티아 시의 다른 쪽 끝에는 막달레나 구호소가 있다. 이냐시오가 1535년에 치료차 고향에 들러 묵었던 곳이다. 한동안 폐쇄했다가 개보수 작업을 거쳐 2014년부터 다시 개방하고 있다.

아스페이티아에서는 예수회 관계자들이 매우 친절하게 순례자들을 맞이해준다. 순례자 여권(라 크레덴시알)은 호텔 아루페에서 받을 수 있다.

순례자 여권을 마련하고 로욜라 성소를 둘러보았다면 이제 이냐시오 순례길을 걸을 차례다. 길은 로욜라 바실리카에서 아스코이티아 방향으로 강을 따라 나 있다. 인구가 11,000명가량인 아스코이티아의 시청 앞 광장 인근에는 산타 마리아 라 레알 교회를 비롯한 중세 저택들이 들어서 있다. 손에 갈고리 모양의 나무 주걱을 끼고 그 주걱으로 벽에 공을 던지는 바스크 펠로타 경기의 요람으로 알려진 도시이다. 올림픽 정식 종목에 채택된 적도 있는 이 경기는 스쿼시와 비슷한 방식으로 진행된다.

아스코이티아에서 다시 강을 오른편에 두고 강을 따라 걸으면 1구간의 마지막인 수마라가에 도착한다. 도중에 터널들을 지나고 아이스푸루초 마을의 교회와 집들도 볼 수 있다. 수마라가의 인구는 1만 명이 조금 넘는다. 이 도시는 19세기에 마드리드와 기푸스코아 주의 이룬을 연결하는 철도가 부설되면서 중요성을 얻게 되었다. 도시에는 누에스트라 세뇨라 델라 아순시온 교회가 우뚝 서 있다. 16세기에 지어진 바스크 고딕 양식의 장엄한 건축물이다. 에우스카디 광장에는 필리핀 제도를 정복하여 초대 필리핀 총독이 된 미겔 로페스 데 레가스피의 동상이 있다. 교외 언덕에는 누에스트라 세뇨라 델라 안티과 교회가 있는데 로마네스크 양식의 정면과 고딕 양식의 성모 마리아 조각, 15세기 그리스도의 수난상이 눈길을 사로잡는다.

첫 구간은 거리가 18.2킬로미터로 비교적 짧고 경사도 완만한 편이다. 첫 출발을 하는 데 별 무리는 없을 것이다.

[2구간] 수마라가 -5.1km- 레가스피 -3.2km- 테예리아르테
        -1.4km- 브링콜라 -1.5km- 엠발세 -5.4km- 푸에르
        토 데 비오스코르니아 -7.5km- 아란차수(21.4km)

이 구간은 산악 지역을 오를 준비를 단단히 하고 출발해야 한다. 비오스코르니아 산등성마루로 900미터가량을 가파르게 올라가야 한다. 특히 겨울에는 추위와 눈, 안개를 조심해야 한다.

기차역에서 출발해 철도와 나란히 난 길을 따라 걷기 시작한다. 그러다 보면 어느 새 공장들이 즐비하게 늘어 서 있는 공단 지역을 지나게 된다. 레가스피에는 한 때 주물공장이 많았다. 제철업이 발달하여 철의 땅으로 알려졌고 철박물관도 있다. 근처에 누에스트라 세뇨라 델라 아순시온 교회가 있다. 14세기에 지어진 매우 아름다운 건축물이다. 이어서 만나게 되는 테예리아르테는 집이 드문드문 흩어져 있는 조그만 마을이다. 우롤라 강가에는 16세기에 지은 저택과 암자가 있다.

브링콜라를 거쳐 바렌디올라 저수지를 지나 마침내 비오스코르니아 언덕에 오른다. 가축들이 한가로이 풀을 뜯는 초지와 언덕길을 지나게 된다. 길이 넓기는 하지만 매우 가파르다. 이따금씩 멈춰 서서 호흡을 가다듬어야 한다. 산등성마루에 이르면 수마라가 계곡의 풍광이 한눈에 들어온다. 해발 1,273미터의 아르우르딘 산이 순례자를 맞이한다.

오르막이 있으면 내리막이 있는 법, 비오스코르니아 산등성마루에서 아란차수로 가는 길은 내리막길이다. 내리막길에서는 발에 문제가 생기지 않도록 조심해야 한다. 아란차수에는 아란차수의 성모를 기리는 누에스트라 세뇨라 데 아란차수 바실리카가 있다. 이냐시오가 이곳에서 정결 서원을 한 것으로 알려져 있다. 아란차수는 바스크 지방의 주요 영성 단지들 가운데 하나다.

[3구간] 아란차수 –5km– 우르비아 대피소 –7km– 수마라운디 평
       원 –6km– 아라이아(18.0km)

이곳도 오르막길과 내리막길이 가파른 구간이다. 우르비아 대피소까지는 오르막길이 이어지고 그 이후 아라이아까지는 내리막길이다. 이 구간의 대부분은 정상이 1,551미터 고지인 아이스코리-아르츠 국립공원 지역이다. 아름다운 우르비아 초지와 너도밤나무 및 소나무 숲이 펼쳐진다.

우르비아 초지

언덕길로 접어들기 전에 에로이티 샘이 나온다. 전승에 따르면 1468년에 아란차수 성모가 이곳에서 목동 로드리고 데 발차테기에게 나타났다고 한다. 이곳에서 한 시간 정도 더 걸어 올라가면 이른바 우르비아 천국이 펼쳐진다. 목동들의 집이 있고 말과 소와 양들이 풀을 뜯는 광대한 초원이 등장한다.

내리막길에 수마라운디 평원을 지나 아스파레나 지역의 중심도시인 아라이아에 도착하게 된다. 아라이아는 인구가 1,500명에 불과한 자그마한 도시이지만 15세기 교회 건축물이 있다. 다음 구간의 종착지인 알다에 가게가 없기 때문에 필요한 물품을 이곳에서 구입해가는 게 좋다.

[4구간] 아라이아 -2.2km- 알베이스 -1.9km- 산 로만 -7.6km- 푸에르토 데 엔치아 -6.6km- 푸에르토 누에보 -2km- 우이바리 -1.5km- 알다(22.0km)

비토리아와 팜플로나를 잇는 계곡을 지나 엔치아 산맥으로 올라갔다가 우이바리로 내려가는 코스다. 아라이아에서 교회 건물을 뒤로 하고 기차역 방향으로 길을 나선다. 알베이스를 지나 교회 건물이 인상적인 산 로만에 도착한다. 이후에는 가파른 오르막길이 이어진다. 푸에르토 데 엔치아를 지나면 해발 1,000미터 높이에 놀랍게도 초지가 펼쳐진다. 세사마 초지이다. 푸에르토 누에보를 지나서는 우이바리로 내려가게 된다. 이때 매우 아름다운 광경을 즐길 수 있다.

우이바리는 작은 마을이고 알다는 그보다 더 작은 마을이다. 가게가 없으니 먹을 것을 준비해 가야 한다. 숙박에 어려움을 겪을 수도 있다. 별을 보며 밤을 지새우거나 아니면 인근 마을 산 비센테 데 아라나로 더 걸어가서 숙박해야 한다.

[5구간] 알다 -3.3km- 산 비센테 데 아라나 -3.5km- 오테오
        -4.4km- 안토냐나 -7.5km- 산타 크루스 데 캄페소
        -5.3km- 헤네비야(24km)
        알다 -3.3km- 산 비센테 데 아라나 -7.1km- 오르비소
        -3.1km- 산타 크루스 데 캄페소 -5.3km- 헤네비야
        (18.8km)

이 코스는 비교적 고요함을 즐길 수 있는 구간이다. 산 비
센테 데 아라나에서 길이 두 갈래로 나뉜다. 안토냐나를 지나
는 공식 루트와 오르비소로 향하는 자전거 길 모두 목적지는
동일하다.

산 비센테 데 아라나는 조그만 마을이지만 바와 식당, 가게
가 있다. 마을 주민들은 5월에서 9월까지 마을 입구 공원에
당산나무를 세워둔다. 산꼭대기에서 가져온 이 나무에 풍향계
와 가위를 달아둔다. 풍향계는 여름에 바람의 방향을 알려주
고 가위는 좋지 않은 날씨를 몰고 오는 구름을 조각낸다는 의
미를 지니고 있다.

안토냐나는 나바라 왕 산초가 1182년에 세운 요새 마을이
다. 성벽과 석조 건축물들이 남아 있는 아름다운 마을이다. 마
을 외곽에는 에스테야와 비토리아를 연결하는 철도를 기념하
는 바스크-나바라 철도박물관이 있다. 당시 철도를 따라 개발
한 25킬로미터 가량의 초록길은 오늘날 자전거 여행자들의 사
랑을 받고 있다. 인근 숲에서는 땅속의 다이아몬드로 불리는

송로버섯이 난다.

16세기에 전성기를 누린 자그마한 도시 오르비소에는 성 안드레스를 기념하는 교회가 있다. 바로크 양식의 아름다운 탑이 있고 내부에는 성 야고보에게 헌정된 제단이 있다.

산타 크루스 데 캄페소는 이 지역에서 규모가 제일 큰 도시이다. 5개 마을들로 이루어진 지역의 중심지이다. 823년에 아랍 장군 압드-알-카린 캄페소가 이 계곡을 정복하고 마을을 파괴했다. 그 후 카스티야 왕 알폰소 6세에 의해 재건된 이 도시가 12세기에는 요새 도시로 발전했다. 바스크에서 역사기념물로 지정한 아순시온 데 누에스트라 세뇨라 교회가 있다. 13세기로 거슬러 올라가는 건축 내력을 지니고 있지만 17세기에 고딕 양식으로 다시 태어났다. 이 도시에는 식당과 슈퍼마켓이 있다.

산타 크루스 데 캄페소 전경

이 구간의 종착지 헤네비야는 자그마한 마을이다. 성 에스테반에게 헌정된 예쁜 교회가 있다. 12세기에 지어지고 16세기에 개축된 고딕-르네상스 양식의 건축물이다. 실내에는 나바라에서 제일 아름답고 웅장한 제단이 있다.

[6구간] 헤네비야 -2.5km- 카브레도 -6.2km- 라포블라시온 -7.8km- 크리판 -10.8km- 라과르디아(27.3km)

이 구간은 바스크 지방의 마지막 구간이자 이냐시오 순례길 중에서 마지막 최대 난코스에 해당한다. 하지만 이 난코스도 라과르디아에서 묵을 아늑한 숙소를 생각하면 그렇게 문제가 되지 않는다. 이제 유명한 포도주 산지로 진입하게 되고 포도주 길을 따라 걷게 된다고 생각하면 힘이 솟을 수 있다.

헤네비야를 출발하면 카브레도 산길로 접어들게 된다. 라포블라시온으로 올라가는 오르막길이 가파르다. 라포블라시온에서는 크리판으로 내려가는 내리막길이 이어진다.

라포블라시온은 인구가 160명에 불과한 마을이다. 그런데도 산티아고 순례자를 위한 구호소가 있다. 라과르디아는 매력이 넘치는 도시이다. 12세기에 건축을 시작하여 16세기에 완공한 산타 마리아 델로스 레예스 교회가 있다. 14세기에 돌로 만든 고딕 양식의 현관문이 매우 인상적이다. 교회 근처에는 이곳 출신으로 18세기에 남미에서 활동한 예수회 선교사 호세 카르디엘을 기리는 기념물이 있다. 무엇보다 13세기의 성벽 일부가 남아 있어서 중세 후기 도시의 분위기를 즐길 수 있다.
2016년에 스페인에서 제일 아름다운 마을로 지정되었다.[7] 이
곳 땅 속에는 포도주를 숙성시키는 포도주 지하저장고(보데가)
들이 있다. 16세기에 만든 역사적인 보데가들도 있다. 이참에
유서 깊은 보데가에서 라 리오하 산 포도주 한 잔을 기울이며
도시의 정취에 흠뻑 취해보는 것도 좋을 것이다.

라과르디아 전경

라 리오하 지방

라푸에블라에서 에브로 강을 건너면 라 리오하 지방으로

---

[7] 스페인에서는 시골의 자연문화 유산을 보존하고 장려하기 위하여 2011년에 '제일 아름다운 마을 협회'를 설립하고 2013년부터 매년 아름다운 마을을 선정해 발표하고 있다.

들어선다. 이냐시오 순례길은 이제부터 에브로 강을 따라 이어진다. 마치 동반자인 것처럼. 7구간에서 11구간까지 5개 구간이 라 리오하 지방을 지난다.

[7구간] 라과르디아 – 나바레테(19.6km)
[8구간] 나바레테 – 로그로뇨(13.0km)
[9구간] 로그로뇨 – 알카나드레(30.6km)
[10구간] 알카나드레 – 칼라오라(21.5km)
[11구간] 칼라오라 – 알파로(25.6km)

라 리오하 지방은 길들이 교차하는 곳이다. 이베리아 반도의 원주민인 켈티베로인들에게는 물론이고 로마인들과 서고트인들, 아랍인들에게도 이곳은 교차 지역이었다. 카스티야로 들어가는 길목이어서 바스크와 나바라, 피레네, 칸타브리아, 지중해 등지에서 출발하는 산티아고 길이 이곳에서 만난다. 이냐시오 순례길과도 마찬가지이다.

[7구간] 라과르디아 –9.9km– 라푸에블라 데 라바르카 – 4.6km– 푸엔마요르 –5.1km– 나바레테(19.6km)

라과르디아를 떠나 카발세카 호수와 우비데 포도주 양조장들을 지난다. 에브로 강 근처에 있는 교회에 도착한 이후부터는 강변길을 따라 가면 된다. 라푸에블라와 푸엔마요르를 잇는 길을 따라 푸엔마요르에 도착하고 카스티야인들과 나바라인들의 전쟁터와 도자기 작업장들로 유명한 도시 나바레테로 들어가게 된다. 전체적으로 매우 순탄한 구간이다.

라푸에블라 데 라바르카는 인구가 850명 정도밖에 되지 않는 소도시이다. 여기서 '라바르카'는 작은 배를 의미하는데 에브로 강 양쪽 강변을 왕래하던 배에서 그 이름을 따왔다고 한다. 16세기 무렵에 지어진 누에스트라 세뇨라 델라 아순시온 교회가 있다. 도시 서부의 작은 언덕에는 17세기와 18세기에 만든 포도주 지하저장고가 있다.

푸엔마요르는 훌륭한 포도주 산지이다. 큰 샘이란 뜻의 도시 명칭은 아마도 관개수 분배를 관장하는 탑에서 기원했을 것이다. 자체 교회를 지닌 푸엔마요르는 1363년까지만 해도 안정된 마을이었다. 하지만 그해에 산타 마리아 라 레알 수도원에 의해 마을이 나바레테에 팔리고 말았다. 그러다가 1626년에 푸엔마요르 주민들이 나바레테에 상당한 돈을 지불하고 마을의 '독립'을 다시 사들였다.

나바레테는 나헤라 공작의 저택이 있었던 곳이다. 돌로 지은 아순시온 교회는 1553년에 건축을 시작하여 1645년에 완공한 건축물이다. 이곳에 마드리드의 수도사 마티아스 데 이랄라가 1720년에 그린 성 프란시스코 하비에르의 제단화가 있다. 이 도시에서 산티아고 데 콤포스텔라로 가는 '프랑스 길'을 걷는 순례자들을 만날 수 있다.

산 바르톨로메 교회(로그로뇨)

[8구간] 나바레테 -6.5km- 라 그라헤라 -6.5km- 로그로뇨 (13.0km)

이 구간은 산티아고 길과 겹친다. 그러니까 산티아고 길과 반대 방향으로 걷게 된다. 거리가 13킬로미터에 불과하니 가벼운 마음으로 걸을 수 있겠다.

로그로뇨는 라 리오하 지방의 수도로 인구가 15만 명에 달한다. 산티아고로 가는 프랑스 길과 에브로 길이 합류하는 곳이다. 산 미겔 공원이 있고 순례자를 위한 구호소도 있다. 15세기 고딕 양식의 건축물인 산타 마리아 델라 레돈다 대성당은 시간을 들여 돌아볼 가치가 있다. 12세기 로마네스크 양식의 교회 터 위에 건축한 이 대성당은 1959년에 주교좌성당의 지위를 다른 성당과 공유하는 공동대성당이 되었다. 산 바르톨로메 교회도 구경할 만하다. 15세기에 복원된 이 교회는 고전적인 로마네스크 양식의 건물이다. 정면은 고딕 양식이고 탑은 무데하르 양식인 게 흥미롭다.

[9구간] 로그로뇨 -2.6km- 바레아 -7.2km 레카호 - 4.2km- 아곤시요 -4km- 아루발 -7.2km- 에르미타 데 아라돈 -5.4km - 알카나드레(30.6km)

이곳은 구간 거리가 30킬로미터이기에 아침 일찍 서두르는 게 좋을 것이다. 에브로 강 연안에서 산티아고로 가는 프랑스 길과 작별하고 에브로 길로 접어들게 된다. 이곳에서도 노란색 화살표 방향과 반대 방향으로 걷게 된다. 에브로 길은 순례자가 그리 많지 않다.

바레아는 고대 로마 시대에 항구가 있었던 곳이다. 에브로 강을 따라 수송을 하던 배들이 드나들었던 곳이다. 아곤시요에는 13~14세기에 축조된 아과스 만사스 성이 있다. 이 성은 1983년에 스페인 문화재로 지정되었다. 교회가 있는 광장은 성의 아름다움을 더해준다. 지금은 성의 일부를 시청의 청사로 사용하고 있다. 이 도시에 스페인 문화재로 지정된 건축물이 하나 더 있다. 그것은 바로 누에스트라 세뇨라 라 블랑카 교회이다.

아루발에는 16세기와 17세기에 걸쳐 지어진 엘 살바도르 교회가 있다. 이곳에 매우 잘 갖춰진 순례자 구호소가 있어서 이 구간이 하룻길로 부담이 된다면 여기서 하룻밤을 묵어가는 것도 좋을 것이다. 아루발을 지나면 에브로 강을 따라 풍성한 들판과 나무들이 펼쳐진다. 알카나드레에 당도하기 전에 아라돈의 암벽을 지나게 되는데 이곳에서 암벽에 둥지를 튼 독수리들을 볼 수 있다. 이 독수리들은 날개 길이가 2.5미터에 달하고 무게가 8킬로그램에 이른다고 한다. 알카나드레에는 서기 1세기 로마 시대의 수도교가 있고 로마네스크 이미지를 보존하고 있는 16~17세기의 산타 마리아 교회도 있다.

[10구간] 알카나드레 −7.2km− N−123도로와 교차 지점 − 14.3km− 칼라오라(21.5km)

이 구간의 종착지 칼라오라는 2천 년의 역사를 자랑하는 도시이다. 아스투리카에서 타라코로 가는 로마 시대 도로가 지나는 곳이다. 아스투리카는 오늘날 레온 주에 있는 아스토르가이고 타라코는 카탈루냐 지방의 타라고나이다. 시내 라소 광장에는 고대 로마 시대의 포럼이 있다. 서기 300년에는 이곳에서 2개 군단의 로마 군대가 학살되기도 했다. 이 도시는 4세기에 주교좌가 설치되면서 주변 지역에 수 세기 동안 방대한 영향을 미쳤다. 714년에는 무슬림들이 이곳을 정복했고 도시 생활과 주변 지역의 농업에 커다란 영향을 미쳤다. 독토라 가르시아 광장 인근에 산 호세 수도원과 산 프란시스코 교회가 있다. 산타 마리아 데 칼라오라 대성당은 15세기 고딕 양식 건축물이다. 1931년에 스페인 문화재로 지정되었다. 칼라오라의 인구는 23,000명 정도이다.

[11구간] 칼라오라 −13.4km− 링콘 데 소토 −12.2km− 알파로(25.6km)

이 구간은 방대한 들판을 지나는 코스이다. 곡식과 과일, 올리브와 포도 재배 농장들이 펼쳐진다. 에브로 강과 로도사 운하 주변 지역은 농업이 발달한 곳이다. 링콘 데 소토에는 16세기에 지은 산 미겔 교회가 있다.

알파로에는 산 미겔 아르칸헬 교회가 있다. 3천 평방미터의
대지 위에 건설된 장엄한 건축물이다. 16세기와 17세기 100년
에 걸쳐 지은 교회의 내부에는 바로크 양식의 주제단이 있다.
순례자 성모상을 모신 제단도 있는데 순례자들이 이곳을 많이
지나 다녔음을 짐작할 수 있게 해준다. 이 교회 건물은 1976
년에 스페인 문화재로 지정되었다. 알파로는 '황새의 천국'으
로 알려져 있는데 거대한 서식처가 다름 아닌 산 미겔 아르칸
헬 교회에 있다. 나바라 대로를 따라가다 보면 두 개의 순례
자 동상을 만날 수 있다. 나이든 야고보와 젊은 이냐시오의
동상이다. 인구는 1만 명 정도다.

나바라 지방

알파로를 지나게 되면 나바라 지방으로 들어가게 된다. 나
바라에서는 2개 구간을 걷게 된다.

[12구간] 알파로 – 투델라(25.6km)
[13구간] 투델라 – 가유르(39.3km)

[12구간] 알파로 –5.7km– 카스테혼 –6.5km– 철도 교차로
　　　　 –13.3km– 투델라(25.6km)

이 구간은 대부분 기찻길과 에브로 강을 옆에 끼고 걷게 된

다. 카스테혼은 나바라 지방의 도시이다. 산 프란시스코 하비에르 교회를 보면 나바라에 있음이 실감날 것이다. 이냐시오와 함께 예수회를 창립한 프란시스코 하비에르가 바로 나바라 출신이다. 카스테혼은 주요 철도 거점 지역이고 철도박물관도 갖추고 있다.

투델라는 이베리아 반도에서 이슬람에 기원을 둔 주요 도시들 가운데 하나다. 802년에 무슬림들이 세운 도시이다. 역사적이고 기념비적인 건축물들이 상당수 있다. 산타 마리아 데 투델라 대성당은 1168년에 이슬람사원 터에다 지은 건축물이다. 이냐시오 순례길에서는 이처럼 이슬람사원 터에 건립된 교회들을 이따금씩 볼 수 있다. 알라곤과 사라고사, 예이다에도 이런 교회들이 있다. 이슬람사원은 또한 기존의 교회 건물 터에 건립되었었다. 이처럼 중세 시대의 정복자들은 적들의 성소를 자신들의 종교 건축물로 개조했다. 이는 패배한 문명과 그들의 종교를 철저하게 전복시키겠다는 의지의 표현이었다. 산타 마리아 막달레나 교회는 12세기에 지은 로마네스크 양식의 건축물이다. 오늘날 투델라의 인구는 35,000명이 넘는다.

[13구간 투델라 −8.7km− 엘 보칼 −4.8km− 리바포라다 −12.7km−
코르테스 −3km− 마옌 −10.1km− 가유르(39.3km)

이 구간은 장장 39킬로미터에 달하는 장거리 코스이다. 한 시간에 4킬로미터를 걷는다 해도 걷는 데만 10시간이 걸린다.

그러니 새벽 일찍 출발하는 게 좋다. 아니면 리바포라다나 코르테스에서 하루 묵어가는 방법도 고려해봐야 할 것이다.

엘 보칼까지 6킬로미터에 걸쳐 들판이 펼쳐진다. 엘 보칼은 아라곤의 제국운하가 시작되는 곳이다. 1528년에 황제 카를 5세의 지시로 건설되기 시작한 이 운하는 18세기에 들어서야 완공된다. 이곳은 고요하고 주변이 아름다워서 잠시 둘러볼만하다.

운하를 따라 걷다 보면 리바포라다에 도착한다. 리바포라다는 나바라의 현왕 산초가 다스리던 1157년에 성전기사단이 건설한 도시이다. 이 도시는 초창기에 산티아고 순례길을 여행하는 기독교 순례자들을 보호하는 기능을 했다. 1313년에는 예루살렘의 성 요한 구호기사단이 도시의 책임을 떠맡았다. 12세기에 돌과 벽돌로 지은 산 블라스 교회가 볼만하다. 인구는 3,700명 정도에 이른다.

코르테스는 장엄한 성이 있는 중세 도시이다. 도시 중앙에 12세기에 지은 성과 탑이 있고 고딕-르네상스 양식의 산 후안 바우티스타 교회가 있다. 코르테스 성은 1993년에 스페인 문화재로 지정되었다. 인구는 3천 명이 조금 넘는다.

코르테스를 지나면 아라곤 지방으로 들어서게 된다. 마옌이 그 첫 도시이다. 성 요한 구호기사단이 건설한 누에스트라 세뇨라 델로스 앙헬레스 교회가 있다. 로마네스크 양식과 고딕 양식, 후기 바로크 양식이 섞여 있는 건축물이다. 인구는 3,200

명 정도이고 주변에 공업단지가 있다.

마옌을 지나 제국운하를 따라 한참 걷다 보면 이 구간의 마지막 도착지인 가유르에 다다르게 된다. 가유르는 신석기 시대 이래로 사람들이 거주해왔고 로마 시대에 로마인들이 에브로 강을 점령한 이후 발전했다. 나중에 무슬림들이 이곳을 차지했으나 1119년에 아라곤 군대가 다시 이곳을 점령해 모사라베 정주지로 만들었다.

이곳에서처럼 이냐시오 순례길을 걷다 보면 무슬림의 영향을 쉽사리 발견하게 된다. 8세기 초에 이베리아 반도에 진입한 무슬림들이 곧 반도 전역을 지배했다. 코르도바를 수도로 하는 무슬림들의 단일 왕국 알·안달루스가 11세기에 들어서면서 작은 지역 국가들로 분열하게 된다. 이때 아라곤 지방의 대부분은 사라고사 통치자들의 지배하에 있었다. 기독교 군주들이 사라고사와 가유르, 투델라를 다시 차지한 것은 12세기에 들어서다. 상당수의 무슬림들은 기독교 군주의 지배하에 들어간 이후에도 계속 이 도시들에 거주했다. '무데하르'는 기독교도들이 지배하는 땅에 사는 무슬림을 지칭하고, '모리스코'는 명목상으로는 기독교로 개종했지만 자신들의 전통문화를 유지하려는 무슬림을 가리킨다. 그런가 하면 무슬림들의 지배 하에서 이슬람으로 개종하지 않고 산 기독교도는 '모사라베'라고 불렀다. 무데하르와 모리스코들은 사라고사와 같은 중소 도시에서 농업과 공예의 발전에 상당한 기여를 했다. 이

들은 벽돌과 유약을 바른 타일, 장식을 한 종탑, 매우 정교한
기하학적 문양을 특징으로 하는 무데하르 양식을 남겼다.

무데하르 양식을 보여주는 산 살바도르 교회의 탑(테루엘)

아라곤 지방

이슬람이 남긴 이러한 흔적들을 아라곤 지방의 도시들에서 쉽게 찾아볼 수 있다. 스페인에서 두 번째로 긴 에브로 강이 아라곤 지방을 가로질러 흐르고 겨울과 봄에는 이곳에 거센 북풍이 몰아친다. 황량한 들판인 로스 모네그로스가 펼쳐지는 곳이다. 7개 구간이 이곳 아라곤 지방을 지난다.

[14구간] 가유르 - 알라곤(21.7km)
[15구간] 알라곤 - 사라고사(30.5km)
[16구간] 사라고사 - 푸엔테스 데 에브로(30.2km)
[17구간] 푸엔테스 데 에브로 - 벤타 데 산타 루시아(29.6km)
[18구간] 벤타 데 산타 루시아 - 부하랄로스(21.3km)
[19구간] 부하랄로스 - 칸다스노스(21.0km)
[20구간] 칸다스노스 - 프라가(26.8km)

[14구간] 가유르 -8.2km- 루세니 -4.3km- 알칼라 데 에브로
     -4km- 카바냐스 데 에브로 -5.2km- 알라곤(21.7km)

이 구간은 이냐시오를 더욱 생각나게 한다. 루세니는 이냐시오가 자서전에서 얘기한 무어인을 만난 곳이다. 이베리아 반도 북부와 지중해를 잇는 길 위에 발달한 도시 루세니에는 고대 로마인들의 흔적이 남아 있다. 안토니우스 피우스 황제

의 동전과 메달(2세기)이 발굴되었다. 현재 주민은 1천 명 정도에 불과하다.

그 이름이 무슬림 성에서 유래했을 것으로 보이는 알칼라데 에브로는 주민이 3백 명도 채 되지 않는 작은 마을이지만 돈키호테 관련 이야기로 유명하다. 1568년 겨울에 인근 마을에서 추기경의 시동으로 지내던 『돈키호테』의 저자 미겔 데 세르반테스가 강물이 불어날 때 이곳의 땅 일부가 고립되자 그것을 마치 섬처럼 착각한 적이 있었던 것으로 보인다. 돈키호테가 그의 충실한 종자 산초 판사에게 바라타리아 섬을 다스릴 땅으로 주겠다고 약속하는 내용이 그의 작품에 등장하는데 이곳이 바로 그 섬으로 알려져 있다. 이곳에 바로크 양식의 산티시마 트리니닷 교회가 있고 교회 뒤편에 산초 판사의 동상이 있다. 교회 내부에는 예수회 3대 총장을 지낸 성 프란시스코 데 보르하에게 헌정하는 그림이 있다.

알칼라 데 에브로에서 에브로 강을 따라 도착하게 되는 카바냐스 데 에브로도 주민이 5백 명에 불과한 마을이다. 그 다음으로 만나게 되는 알라곤은 역사가 오랜 도시이다. 고대에는 이곳에서 알파벳을 새긴 동전을 주조하기도 했다. 714년에는 무슬림들이 이곳을 정복했다. 산 페드로 아포스톨 교회에 있는 무어인 작품에서 그 흔적을 확인할 수 있다. 기존의 이슬람사원 부지에다 건립한 이 교회는 주제단이 볼만하다. 구시가지에는 종전의 예수회 대학 건물이 있다.

[15구간] 알라곤 -7.3km- 토레스 데 베레옌 -3.6km- 소브라디엘 -5.6km- 우테보 -3.2km- 몬살바르바 -4.3km- 그란 누르도 데 아우토피스타 -6.5km- 사라고사(30.5km)

이 구간은 내내 강을 왼편에 두고 걷는 코스이다. 도중에 흙길이 아스팔트길로 이어진다. 토레스 데 베레옌에는 11세기에 지은 누에스트라 세뇨라 데 카스테야르 암자와 16세기에 지은 고딕-르네상스 양식의 산 안드레스 교회가 있다. 산 안드레스 교회는 2002년에 아라곤 지방문화재로 지정되었다. 이슬람 도시의 흔적을 보여주는 성의 잔해가 있다.

갈 길이 바쁘기 때문에 소브라디엘은 지나치더라도 우테보는 꼭 들러보자. 누에스트라 세뇨라 델라 아순시온 교회에 있는 종탑을 놓치지 말아야 한다. 아라비아 타일이 돋보이는 무데하르 양식의 탑이다. 생각보다 도시의 규모가 크다. 인구가 18,000명에 달한다. 16세기와 17세기의 저택들을 돌아보는 것도 유익할 것이다.

몬살바르바는 베르베르족 무슬림들의 정주지였다. 무슬림의 영향이 많이 남아 있다. 산 미겔 아르칸헬에게 헌정된 교구교회의 종탑이 인상적이다. 무데하르 양식의 탑이다.

사라고사는 인구가 70만 명에 육박하는 대도시이자 2천 년의 역사와 문화가 살아 숨 쉬는 도시이다. 바로크 양식의 누에스트라 세뇨라 델 필라르 대성당과 이슬람사원 터에 지은 엘 살바도르 대성당, 11세기에 사라구스타 타이파 왕의 궁전으로 지은 알하페리아 궁전은 꼭 살펴봐야 한다. 첫 번째 건축물은 1904년에 스페인 문화재로 지정되었고, 두 번째와 세 번째 건축물은 유네스코 세계유산에 등재되어 있다.

알하페리아 궁전(사라고사)

누에스트라 세뇨라 델 필라르 대성당과 에브로 강(사라고사)

누에스트라 세뇨라 델 필라르 대성당은 사도 성 야고보와 관련된 전승을 생각나게 한다. 서기 40년에 이방인들에게 복음을 전하러 스페인에 왔다고 얘기하는 사도 야고보에게 성모 마리아가 나타났다는 내용이다. 기둥 위에 나타난 성모 마리아가 별로 한 일이 없어서 낙담한 가운데 에브로 강 근처에서 쉬고 있던 야고보를 격려해주면서 그곳에다 작은 예배당을 세우고 자신이 나타난 기둥을 증거로 보존하라고 얘기했다. 대성당 이름에 '누에스트라 세뇨라 델 필라르'가 들어간 이유가 여기에 있다. 이것은 '기둥 위의 성모 마리아'라는 뜻이다. 작은 예배당이 로마네스크 양식의 교회로 발전하고 여러 차례 개축되었다. 이 교회가 1518년에는 고딕-무데하르 양식의 바실리카로 재건축되었다. 1522년에 이곳에 들른 이냐시오가 아마도 이 재건축 이야기를 전해 들었을 것이다.

[16구간] 사라고사 -9.3km- 카르투하 바하 -7.6km- 부르고 데 에브로 -13.3km- 푸엔테스 데 에브로(30.2km)

대도시 사라고사를 벗어나면서 에브로 강을 따라 걷게 된다. 카르투하 바하까지는 산티아고로 가는 에브로 길을 반대 방향으로 걷는다. 멀리 종탑이 보이면 그곳이 카르투하 바하이다. 그곳에는 한때 성모 수태를 기리는 카르투하 수도원이 있었다.

부르고 데 에브로에는 목을 축일 수 있는 분수가 도시 중앙의 라 파스 광장에 있다. 이곳에서 잠시 휴식을 취하고 길을 가다보면 2세기 로마인들의 유물이 발견된 고고학 유적지 카바네타를 지나게 된다. 제국운하와 에브로 강 사이로 난 길을 따라가다 보면 산업공단 지역을 지나게 되고 푸엔테스 데 에브로에 도착하게 된다. 이곳에는 도시의 수호성인 대천사 성 미카엘에게 헌정한 산 미겔 아르칸헬 교회가 있다. 인구는 4,600명가량이다.

[17구간] 푸엔테스 데 에브로 -11.6km- 피나 데 에브로 - 18km- 벤타 데 산타 루시아(29.6km)

사라고사 주를 벗어나게 되면 사막 지대나 다름없는 황량한 풍광이 펼쳐진다. 사라고사 주와 우에스카 주 사이에 있는 로스 모네그로스 지역이다. '검은 산'이란 뜻의 지역 명칭은 아랍인들이 그렇게 부른 데서 유래했다. 17구간에서부터 19구간까지 이 지역을 지나게 된다. 오늘날에는 관개를 통해 상당 지역이 경작지로 바뀌었다. 이 지역의 대부분은 건조하며 여름에는 지극히 덥고 겨울에는 매우 춥다. 겨울과 초봄에 시속 100킬로미터로 북풍이 분다. 이냐시오가 이곳을 지날 무렵이 겨울 끝자락이었으니 당시 상황이 어떠했을지 대충 짐작이 간다.

로스 모네그로스 사막

　이 구간은 이냐시오 순례길 가운데 가장 힘든 구간에 해당한다. 각오를 단단히 하고 출발해야 한다. 절제와 고독의 길로 알려진 이냐시오 순례길의 진면목을 이곳에서 맛보게 될 것이다. 피나 데 에브로에 못 미쳐서 산티아고로 가는 에브로 길을 벗어나 왕도(Camino Real)를 따라가게 된다. 이냐시오가 이 왕도를 따라 몬세랏으로 갔다. 산티아고로 향하는 카탈루냐 길의 반대 방향으로 걸어갔다.

　이 구간은 물을 충분히 준비해가야 한다. 구간 종착지인 벤타 데 산타 루시아에는 식당밖에 없다. 숙박시설이 없어서 야외에서 잠을 청해야 한다. 물과 음식이 여의치 않으면 피나 데 에브로에서 마련해서 가야 한다.

[18구간] 벤타 데 산타 루시아 -11.4km- 주유소 -9.9km- 부하랄로스(21.3km)

지난밤에 잠자리가 불편했을 터이기에 아침 일찍 일어나게 된다. 부하랄로스까지 21.3킬로미터를 걸어가야 한다. 중간에 주유소 외에는 들를만한 가게나 식당이 없다. 나무도 없고 그늘도 없다.

부하랄로스는 인구 1천 명의 소도시이다. 로스 모네그로스의 '수도'로 불리는 곳이다. 이곳에는 사도 성 야고보에게 헌정된 교회가 있다. 그런데 이상하게도 이 도시의 수호성인은 성 아우구스티누스이다. 한때는 수호성인이 성 파비아누스와 성 세바스티아누스였다. 아프리카로부터 무시무시한 메뚜기 떼가 몰려왔을 때 이들이 아무런 도움이 되지 않자 주민들은 자신들을 보호해줄 다른 성인을 찾기로 했다. 그들은 성인 후보자들의 이름을 종이에 적어서 상자에 넣고 무작위로 뽑았다. 세 번이나 뽑았는데 세 번 모두 성 아우구스티누스가 선정되었다. 그런데 그들은 그 성인의 이름을 상자에 집어넣지 않았었다. 부하랄로스는 이런 기이한 이야기가 전해 내려오는 곳이다.

[19구간] 부하랄로스 -10.5km- 페냘바 -10.5km- 칸다스노스(21.0km)

이 구간은 비교적 쉬운 코스에 해당한다. 페냘바까지 농로를 따라 걷게 된다. 2번 고속도로와 나란히 걷는다. 나무도 없고 그늘도 없는 구간이다. 페냘바는 조그만 마을인데 식당과 가게가 있다. 칸다스노스도 인구가 5백 명이 안 되는 마을이다. 12세기 로마네스크 양식의 산타 마리아 델라 아순시온 교회가 있다.

[20구간] 칸다스노스 −13km− 주유소 −13.8km− 프라가(26.8km)

이 구간에서도 2번 고속도로와 나란히 난 길을 걷는다. 도중에 마을이 없기 때문에 물을 충분히 준비해야 한다. 다소 긴 구간이기는 하지만 마지막 코스를 제외하고는 대부분이 평지여서 걷기에 비교적 수월하다. 이곳에서 로스 모네그로스 지역을 벗어나게 된다.

프라가는 인구가 15,000명에 달하는 도시이다. 근처에 로마 시대의 유적이 있다. 1128년에 성전기사단이 건립한 수도사들의 탑이 있고 12세기 로마네스크 양식의 산 페드로 교회가 있다. 도시 주변을 흐르는 신카 강 유역에는 선박을 건조하고 수리하는 조선소가 있었다.

카탈루냐 지방

프라가에서 대략 10킬로미터 떨어진 지점에서 아라곤 지방이 끝나고 카탈루냐 지방이 시작된다. 카탈루냐에 진입하게 되면 풍광이 달라진다. 초록이 더 짙어지고 과수나무가 더 많다. 카탈루냐 지방정부에서 설치한 이정표가 순례자를 매우 반갑게 맞이한다. 마지막 7개 구간이 카탈루냐 지방을 지나고 만레사의 동굴에서 이냐시오 순례길이 끝난다.

[21구간] 프라가 – 예이다(33.0km)
[22구간] 예이다 – 엘 팔라우 당글레솔라(25.7km)
[23구간] 엘 팔라우 당글레솔라 – 베르두(24.7km)
[24구간] 베르두 – 세르베라(17.0km)
[25구간] 세르베라 – 이괄라다(38.6km)
[26구간] 이괄라다 – 몬세랏(27.0km)
[27구간] 몬세랏 – 만레사(24.6km)

[21구간] 프라가 –13km– 카미 레알 –6.3km– 알카라스
　　　　　–8.7km– 부쎄닛 –8km– 예이다(33.0km)

이 구간은 프라가와 예이다를 연결하기 위한 장거리 코스이다. 예이다는 카탈루냐어이고 스페인어로는 레리다이다. 도중에 작은 마을 알카라스와 부쎄닛을 지난다.

인구가 137,000명에 달하는 예이다는 규모가 크고 아름다운 카탈루냐 도시이다. 고대 로마인들은 이곳을 예르다라고 불렀다. 8세기 초에 무슬림에 의해 정복된 예이다는 12세기 중엽에 라몬 베렝게르 백작에 의해 재정복될 때까지 4세기 동안

무슬림의 지배를 받았다. 로마네스크 양식의 라 세우 베야 대성당은 대형 이슬람사원이 있던 자리에 건립되었다. 13세기에 건축된 이 대성당은 1918년에 스페인 문화재로 지정되었다. 세그레 강에서 바라본 대성당의 모습이 멋있다. 로마네스크 양식의 산타 마리아 데 가르데니 교회와 그 탑에는 12세기 성전기사단 수도원의 흔적이 남아 있다. 그 인근에 한때 도시를 둘러쌌던 것으로 보이는 성벽의 흔적도 있다. 예이다의 주교좌성당인 누에바대성당은 18세기 초 스페인 왕위계승 전쟁 당시 요새로 징발된 비에하대성당을 1761~1781년에 재건축한 성당이다. 1998년에 스페인 문화재로 지정되었다. 이 대성당은 카테드랄 광장에 있다. 이 광장 근처에는 또한 고딕 양식의 정원을 갖춘 15세기 수도원을 병원으로 개축한 산타 마리아 병원이 있다. 이밖에 로마네스크 양식의 산 요렌스 교회와 산 마르티 교회도 볼만하다. 예이다에서는 매년 7월 24일에 어린이들이 구시가지 거리에서 사도 야고보를 기리는 행진을 거행한다. 야고보가 복음을 전하려고 이베리아 반도를 돌아다닐 때 발에 가시가 돋아 더 이상 걸을 수 없게 되었다. 가시를 뽑으려고 했는데 날이 어두워 그것이 보이지 않았다. 그때 불켜진 등을 들고 하늘에서 내려온 천사가 절망에 빠져 있던 그를 도와주었다. 이 전설에 등장하는 야고보를 기리는 행렬이다.

비에하대성당(예이다)

[22구간] 예이다 -7.2km- 고속도로 -8.4km- 벨-욕 -10.1km -
엘 팔라우 당글레솔라(25.7km)

이 구간은 고속도로 옆으로 난 길을 따라 걷는다. 고속도로
가 예전에는 이냐시오가 걸었던 왕도였다. 예이다에서 세그레
강을 왼편에 두고 출발한다. 벨-욕에는 식당과 가게가 있다.
엘 팔라우 당글레솔라는 주민이 2천 명 정도 되는 도시이다.
과거에 아랍 궁전이 있었다고 해서 지명에 궁전을 뜻하는 '팔
라우'란 단어가 들어가 있는 것 같다.

[23구간] 엘 팔라우 당글레솔라 -8km- 카스텔노우 -4.5km-
벨푸익 -12.2km- 베르두(24.7km)

카스텔노우는 인구가 1천 명이 안 되지만 식당도 있고 가게도 있다. 벨푸익은 카스텔노우보다 규모가 더 큰 도시이다. 인구가 5천 명에 달한다. 벨푸익 성의 내력이 애잔하게 다가온다. 1079년에 건설된 벨푸익 성은 12세기에 귀족 벨푸익의 저택으로 개조되고 1472년에도 다시 개조되었다. 18세기 초 스페인 왕위계승 전쟁 때는 요새로 사용되었고 19세기 초 독립전쟁 때는 건물 일부가 소실되고 말았다. 산 니콜라스 교회에는 대리석으로 된 석관이 있다. 카탈루냐의 르네상스 양식을 엿볼 수 있는 석관이다.

벨푸익을 지나면 산티아고 길 표지판들을 만나게 된다. 전형적인 카탈루냐 농가들도 볼 수 있다. 이곳에서 베르두까지 올리브와 포도, 곡물이 자라는 들판이 펼쳐진다. 봄에는 특히 빨간 개양귀비 꽃이 순례자를 환영한다.

베르두는 인구가 1천 명 정도밖에 되지 않는 작은 도시이다. 하지만 카탈루냐 예수회에서 차지하는 도시의 의미는 매우 크다. '흑인 노예들의 수호자'로 알려진 예수회 출신 성인 페드로 클라베르(1580~1654년)의 고향이기 때문이다.

어려서부터 사제가 되기를 바란 클라베르는 17살에 바르셀로나로 갔고 22살에 예수회에 가입했다. 팔마 데 마요르카 대학에서 3년을 공부하고 1610년 4월 세비야를 떠나 오늘날의 콜롬비아에 해당하는 중남미 카르타헤나에 도착했다. 당시 대서양 노예무역의 중심지이던 카르타헤나는 매월 수천 명의 노예들을 받아들이고 있었다. 잘 알려져 있다시피 아프리카를 떠난 노예들은 3분의 1이 이송 도중에 사망했고 생존자들은 가혹한 학대를 당했다. 클라베르는 이 노예들을 열린 마음과 따뜻한 미소로 환영하고 그들에게 의복과 음식을 나누어주었다. 그들을 물질적으로 돌보아주었을 뿐만 아니라 믿음을 갖게 하고 세례도 베풀어주었다. 자신을 언제나 그들의 종으로 생각한 그는 1622년 4월 3일 '흑인 노예들의 영원한 노예'라는 서약에 서명을 하고 그렇게 살았다. 그는 불의에 대항하여 목소리를 높이고 기본권을 빼앗긴 사람들의 심신을 돌보았다. 이러한 그의 생애를 두고 교황 레오 13세는 "그리스도의 생애 이후 페드로 클라베르의 생애만큼 깊은 감동을 준 삶은 없었다"고 평가했다.

베르두에서 제일 중요한 종교 기념물은 산타 마리아 교회이다. 13세기에 건축된 이 교회의 내부에는 다채색으로 된 성모 마리아의 조각들과 도시의 수호성인 성녀 플라비아의 조각들이 있다. 교회 옆에는 12세기에 건설한 성이 있고 그 지하에는 포도주 보데가가 있다.

[24구간] 베르두 −4km− 타레가 −13km− 세르베라(17.0km)

이 구간은 거리가 짧다. 베르두를 좀 더 즐기다가 출발할 수도 있고 일찍 도착하여 세르베라를 둘러볼 수도 있겠다. 다음 구간이 38.6킬로미터이니 파예롤스나 파나데야까지 걸어가는 것도 생각해볼 수 있겠으나 그곳에는 숙박시설이 없다.

타레가는 우르헬의 군청소재지로 인구가 제법 된다. 16,000명이 넘는다. 9월에 열리는 길거리 연극축제가 유명하다. 세르베라에는 18세기 카탈루냐에서 유일한 대학이었던 세르베라 대학이 있다. 건축물과 벽에서 18세기 도시의 화려한 흔적을 엿볼 수 있다. 중앙 광장에는 산타 마리아 교회와 17~18세기 파에리아 저택이 있다. 인구는 9천 명이 넘는다.

[25구간] 세르베라 −12km− 파예롤스 −4km− 파나데야 − 7.8km− 산타 마리아 델 카미 −7.8km− 조르바 − 7km − 이괄라다 (38.6km)

전체 거리가 38.6킬로미터에 달하는 장거리 구간이다. 아침 일찍 서두르는 게 좋다. 파예롤스에는 산티아고 길 순례자들이 12세기에 산 자우메에게 봉헌한 아름다운 교회가 있다. 산타 마리아 델 카미에는 12세기 로마네스크 양식의 교회가 있는데 한때 순례자와 나그네들의 숙소로 사용되었다. 이괄라다는 이냐시오가 순례자 복장을 구입한 곳이다. 이곳에 있는 산타 마리아 교회는 11세기 건물이다. 이괄라다는 바르셀로나 주에 속한 도시로 바르셀로나 시에서 60킬로미터 정도 떨어져 있다. 인구는 39,000명 정도다.

[26구간] 이괄라다 -9.5km- 카스테욜리 -6.5km- 산 파우 델
라 과르디아 -2km- 칸 마사나 -5.4km- 산타 세실
리아 예배당 -3.6km- 몬세랏(27.0km)

구간 초입에서 450미터 정도를 가파르게 올라가야 한다. 카
스테욜리와 산 파우 델라 과르디아는 조그만 마을들이다. 몬
세랏은 '톱니 모양의 산'이란 뜻을 지니고 있다. 실제로 그 이
름에 걸맞게 생겼다.

해발 720미터의 몬세랏 산비탈에 베네딕트회 수도원이 있
고 수도원 내 바실리카에는 몬세랏의 상징이자 카탈루냐의 수
호성인인 검은 성모상 '라 모레네타'가 있다. 전승에 따르면
이 검은 성모상을 서기 1세기에 복음 전도자 성 누가가 조각
했다고 한다. 무슬림들이 이곳을 침략해올 때 이 성모상을 몬
세랏의 동굴에다 숨겨두었다. 세월이 흘러 성모상의 존재마저
잊혔다. 그러다가 어린 목동들이 그 성모상을 발견했는데 그
때가 880년 무렵이었다. 하지만 역사학자들은 이 성모상을 12
세기의 것으로 추정한다. 검은 성모는 검은색 빛깔의 나무로
조각한 것이 아니다. 거무스름한 색조는 조각에 칠한 광택제
를 말리기 위해 피운 양초의 연기에 그을리면서 생긴 것으로
추정된다. 검은 성모는 '거룩한 동굴'이란 뜻의 코바 산타에서
발견된 것으로 알려져 있다.

몬세랏 수도원

검은 성모상 라 모레네타

수도원 건물의 역사에 대해서는 확실하게 알려진 바가 없다. 다만 9세기에 이미 그곳에 암자가 있었던 것으로 보인다. 바실리카는 1592년에 완공되었다. 1811년과 1812년에 나폴레옹의 침략으로 거의 완전히 파괴되었고 그 이후 재건되었다. 1880년에는 1천 주년 기념식을 거행했다.

순례자들은 수 세기에 걸쳐 이 수도원, 특히 성모상을 향해 길을 떠났다. 오늘날 몬세랏은 매년 2백만 명 이상이 방문할 정도로 관광객과 순례자들에게 인기가 많은 곳이다.

[27구간] 몬세랏 -3.5km- 산타 세실리아 암자 -4.4km- 산 크리스토폴 -6.4km- 카스텔갈리 -6.7km- 리에라 데 엘 숩 - 2.5km- 산타 카테리나 탑 -1.1km- 만레사(24.6km)

이냐시오 순례길의 마지막 구간이다. 종착지에 있는 만레사 동굴을 생각하면 마음이 설레고 발걸음도 가볍다. 하지만 방심은 금물이다. 앞 구간에서 가파르게 올라간 것과 반대로 이번에는 450여 미터를 가파르게 내려가야 한다. 무릎에 무리가 가지 않도록 내리막길을 조심해야 한다. 몬세랏 산의 장엄한 광경을 즐기려면 산 자우메 데 카스텔벨에서 뒤를 돌아보면 되고, 만레사의 전경을 한 눈에 내려다보려면 산타 카테리나 탑이 있는 곳으로 올라가야 한다. 그곳에서 라 세우 바실리카와 성 이냐시오 영성수련센터를 볼 수 있다.

만레사 시 전경

카스텔갈리는 인구 1,700명의 소도시이다. 이곳에서 카르데네르 강 계곡을 굽어볼 수 있다. 중세 시대에는 구호소와 대장간으로 유명한 이곳에 몬세랏 수도원으로 가는 순례자들이 많이 드나들었다.

망루가 있는 산타 카테리나에 다다르면 거의 다 도착한 것이나 다름없다. 카르데네르 강을 가로지르는 중세 시대의 다리 구교를 건너면 코바 데 산 이냐시, 곧 성 이냐시오의 동굴이 바로 눈앞에 보인다. 산타 루시아 구호소와 산 마르코스 암자, 성 이냐시오의 동굴을 차례로 둘러보고 순례자사무소에서 순례 증명서를 받게 되면 순례가 끝이 난다. 순례자사무소는 라 세우 바실리카에서 가까운 산 이냐시오 광장에 있다.

내부에 성 이냐시오 동굴이 있는 교회(만레사)

성 이냐시오 동굴 내부

실제로 순례는 성 이냐시오 동굴 성소에서 마무리된다. 이 냐시오가 『영신수련』의 일부 내용을 집필한 곳이다. 만레사 주민들이 이곳을 이냐시오와 동일시할 정도로 상징성이 있는 공간이다. 그러니 이곳을 서둘러 떠나지 말고 찬찬히 묵상하며 내면의 소리에 귀를 기울이는 게 좋을 것이다.

　　멀리서 볼 때 인상적인 건물은 라 세우 바실리카이다. 이냐 시오가 이곳에 도착하기 30년 전에 완공한 건축물이다. 건물의 규모를 볼 때 당시 만레사가 상당히 번영했음을 짐작할 수 있다. 이냐시오가 산타 루시아 구호소로 가기 전에 이곳에 들러 기도한 것으로 알려져 있다.

　　이냐시오는 만레사에 머무르면서 여러 교회들과 수도원을 방문했고 병자와 가난한 자들을 돌보았으며 이곳저곳에서 기도했다. 오늘날에는 이러한 이냐시오의 발자취들을 쉽게 찾아볼 수 있게 해놓았다. 만레사에 있는 이냐시오의 역사 유적을 방문하려면 시간을 넉넉하게 잡는 게 좋다. 만레사 관광 웹사이트(www.manresaturisme.cat)에서 자세한 정보를 확인할 수 있고 현지의 관광안내소에서도 지도를 비롯한 관련 자료들을 구할 수 있다.

감사의 말

이 책을 내며 여러분들의 도움을 받았다. 순례를 다루는 책의 내용을 이해하는 데는 사진과 그림과 지도만큼 도움을 주는 자료가 없다. 사진은 대부분 웹사이트 위키미디어 커먼스의 도움을 받았다. 이 웹사이트에 사진 자료를 올려준 분들에게 심심한 감사의 말씀을 드린다. 이냐시오의 생애를 상상하는 데는 루벤스의 그림들이 큰 도움이 될 것이다. 이 그림들은 런던 예수회연구소(Jesuit Institute London) 웹사이트(www.jesuitinstitute.org)에서 가져다 썼다. 저작권 문제가 걱정이 돼서 소장이신 아드리안 포터(Adrian Porter) 수사님께 연락을 드렸더니 사용해도 좋다며 흔쾌히 수락해주셨다. 얼마나 감사한지 모른다. 또한 지도가 없이 어떻게 순례길 여정을 한눈에 파악할 수 있을까. 지도 문제에 대해 정말 고민이 많았는데 김용훈 님께서 그 문제를 해결해주셨다. 저본 지도를 갖고 새롭게 제작해주셨다. 이 또한 얼마나 감사한지 모른다. 이 책이 눈여겨볼만한 책이 된다면 이는 분명 이분들의 도움 덕분일 것이다.

참고문헌

1. 단행본

Blanco Corredoira, José María, *Los misterios del Camino de Santiago* (Córdoba: Almuzara, 2019)

Castrillo Mazeres, Francisco, *El Peregrino europeo en los Caminos de Santiago* (Galicia: Agropint, 2000)

Caucci von Saucken, Paolo (dir.), *El Mundo de las Peregrinaciones: Roma, antiago, Jerusalén* (Madrid: Lunwerg, 1999)

Iriberri, José Luis & Chris Lowney, *Guía del Camino Ignaciano* (Bilbao: Ediciones Mensajero, 2015)

Jimeno Jurío, José Mª, *La Peregrinación a Compostela. Orígenes y Consecuencias* (Pamplona: Diputación Foral de Navarra, 1969)

Leralta, Javier, *Las Peregrinas. Cosas del Camino* (Madrid: La Librería, 1993)

Martínez García, Luis (coord.), *El Camino de Santiago. Historia y Patrimonio* (Burgos: Universidad de Burgos, 2011)

Monteira Arias, Inés (ed.), *Los caminos a Santiago en la Edad Media. Imágenes y leyendas jacobeas en territorio hispánico* (siglos IX a XIII) (Madrid: UNED, 2018)

Nuño González, Jaime y Chema Román, *Peregrinar a Compostela en la Edad Media* (Palencia: Aguilar de Campoo, 2016)

Ramis, Sergi y otros, *Camino Ignaciano* (Bilbao: Sua Edizioak, 2016)

2. 웹사이트

산티아고 순례길 www.caminosantiago.org / www.pilgrim.es

이냐시오 순례길 www.caminoignaciano.org

사진자료 출처

1. Wikimedia Commons

- 1300년 희년을 맞이해 로마에 도착한 순례자들을 축복하는 교황(43쪽)
- 갈리시아 전통 가옥 파요사(122쪽)
- 검은 성모상 라 모레네타(237쪽)
- 길(18쪽)
- 길바닥이나 벽에 부착한 조가비(레온)(81쪽)
- 내부에 성 이냐시오 동굴이 있는 교회(만레사)(240쪽)
- 누에스트라 세뇨라 델 필라르 대성당과 에브로강(사라고사)(224쪽)
- 라 레이나교(푸엔테 라 레이나)(98쪽)
- 라과르디아 전경(209쪽)
- 레온 대성당(레온)(114쪽)
- 로스 모네그로스 사막(227쪽)
- 로욜라 성소(200쪽)
- 롤랑 기념비(94쪽)
- 막달레나교(팜플로나)(97쪽)
- 만레사 시 전경(239쪽)
- 메카 순례(21쪽)
- 몬세랏 수도원(161쪽)
- 몬세랏 수도원(237쪽)
- 무데하르 양식을 보여주는 산 살바도르 교회의 탑(테루엘)(220쪽)
- 미뇨교(포르토마린)(125쪽)
- 보니파키우스 8세(프레스코화, 지오토)(43쪽)
- 보타푸메이로(78쪽)

· 부르고스 대성당과 순례자 동상(부르고스)(107쪽)

· 비에하대성당(예이다)(232쪽)

· 사도 성 야고보(호세 데 리베라, 2011)(51쪽)

· 산 로렌소 교회(사아군)(112쪽)

· 산 바르톨로메 교회(로그로뇨)(212쪽)

· 산 후안 데 오르테가 수도원(산 후안 데 오르테가)(106쪽)

· 산 훌리안 수도원(사모스)(124쪽)

· 산타 크루스 데 캄페소 전경(207쪽)

· 산티아고 교회(론세스바예스)(94쪽)

· 산티아고 대성당(131쪽)

· 산티아고 마타모로스 동상(팔렌시아)(53쪽)

· 상징화한 조가비(산티아고 순례길 공식 표지)(81쪽)

· 생장 피에 드 포르(92쪽)

· 성 이냐시오 데 로욜라(프란시스코 고야, 1780년대)(136쪽)

· 성 이냐시오 동굴 내부(240쪽)

· 성 이냐시오 초상(작자미상, 16세기)(147쪽)

· 성당 기사단의 성(폰페라다)(120쪽)

· 성벽(아스토르가)(117쪽)

· 순례자들(60쪽)

· 순례자여권(76쪽)

· 아마르 나트 순례(22쪽)

· 알라하바드의 쿰브멜라(22쪽)

· 알하페리아 궁전(사라고사)(224쪽)

· 엘 파소 온로소교(오스피탈 데 오르비고)(116쪽)

· 여성순례자(다비트 테니르스, 17세기)(39쪽)

· 영신수련(1548년 라틴어 초판)(167쪽)

· 예수회 선교사(1779)(190쪽)

- 오늘날의 아란차수(158쪽)
- 오브라도이로 광장(산티아고 데 콤포스텔라)(131쪽)
- 우르비아 초지(204쪽)
- 이냐시오 생가 입구(140쪽)
- 이정표, 노란색 화살표(79쪽)
- 입멸한 붓다, 쿠시나가르(23쪽)
- 조가비와 조롱박(80쪽)
- 철제 십자가(폰페라다)(119쪽)
- 카스티야 평원(108쪽)
- 칼릭스투스 서책(12세기)(75쪽)
- 포도밭 사이를 걷고 있는 순례자들(로그로뇨)(101쪽)
- 풀포 아 페이라(127쪽)

2. Jesuit Institute London
- 1540년 9월 27일 예수회를 공식 승인하는 바오로 3세(루벤스, 17세기)(187쪽)
- 몽마르트르 서원(루벤스, 17세기)(181쪽)
- 수술 후 회복 중에 책을 읽는 이냐시오(루벤스, 17세기)(154쪽)
- 예수회 설립자, 이냐시오 데 로욜라(루벤스, 17세기)(188쪽)
- 이냐시오의 죽음, 1556년 7월 31일, 로마(루벤스, 17세기)(192쪽)
- 자신의 무죄를 입증하는 이냐시오(루벤스, 17세기)(185쪽)
- 카르테네르 강의 영적 조명(루벤스, 17세기)(165쪽)

3. 직접 제작
- 성 이냐시오의 여행(157쪽)
- 오늘날 스페인의 산티아고 순례길(70쪽)
- 오늘날 유럽의 산티아고 순례길(89쪽)
- 오늘날 프랑스의 산티아고 순례길(73쪽)

- 이냐시오 순례길(197쪽)
- 이냐시오 순례길(198쪽)
- 프랑스 길(90쪽)

4. 직접 촬영
- 성 이냐시오 동굴(만레사)(167쪽)